Excel 商务数据分析
思维、策略与方法

羊依军 三虎 著

人民邮电出版社
北京

图书在版编目（CIP）数据

Excel商务数据分析：思维、策略与方法 / 羊依军，三虎著. -- 北京：人民邮电出版社，2024.11
ISBN 978-7-115-63277-7

Ⅰ. ①E… Ⅱ. ①羊… ②三… Ⅲ. ①表处理软件－应用－商业统计－统计数据－统计分析 Ⅳ. ①F712.3-39

中国国家版本馆CIP数据核字(2023)第234011号

内 容 提 要

本书主要介绍如何使用Excel进行商务数据分析，以帮助读者系统地建立商务数据分析思维，快速提高分析能力。

本书共13章，涵盖思维、策略与方法。第1章为认识商务数据分析；第2章为数据分析思维与方法；第3章为商务数据分析流程与案例；第4章为市场数据调研分析；第5章为商品预投放分析与策略；第6章为商品定价策略与常用方法；第7章为商品销售数据分析与策略；第8章为商品后期数据分析；第9章为客户数据管理与分析；第10章为公关宣传数据管理与分析；第11章为商务团队管理与数据分析；第12章为商务数据分析驾驶舱模型；第13章为编制一套完整的商务数据分析报告。

本书内容全面，案例丰富且贴近实际应用，适合各类经常面对商务数据分析的职场人士阅读，也适合作为各类院校相关专业学生的参考书。

◆ 著　　羊依军　三　虎
　　责任编辑　贾鸿飞
　　责任印制　王　郁　胡　南

◆ 人民邮电出版社出版发行　北京市丰台区成寿寺路11号
　　邮编　100164　电子邮件　315@ptpress.com.cn
　　网址　https://www.ptpress.com.cn
　　优奇仕印刷河北有限公司印刷

◆ 开本：787×1092　1/16
　　印张：14.75　　　　　　　　2024年11月第1版
　　字数：228千字　　　　　　　2024年11月河北第1次印刷

定价：99.90元

读者服务热线：(010)81055410　印装质量热线：(010)81055316
反盗版热线：(010)81055315
广告经营许可证：京东市监广登字20170147号

前　言

在激烈的商业竞争中，商务数据分析是企业获取信息、优化商业决策的重要手段。商务数据分析是现代商业运营中不可或缺的一部分。在大多数情况下，我们只要紧盯每个环节，抓住影响商务活动结果的重要因素，将这些因素细化、数据化，就可以发现问题和机会。通过商务数据分析，我们可以找出问题、发现机会、预测未来、优化决策。

商业世界的潜在机会和挑战是多种多样的，商务数据分析可以帮助企业更好地把握机会和应对挑战。几乎可以这样说，谁使用好商务数据，谁就抓住了参与商业竞争的关键环节之一。在企业中，市场营销、产品规划、市场调研与分析等岗位的人士一直都非常关注商务数据，善于从商务数据中找问题、找机会。很多从事采购、生产管理、企业管理、质量管理等工作的职场人士也通过商务数据分析提高工作质量。

笔者将自己长期从事商务数据分析工作的经验、对商务数据分析学习者需求的深刻理解，整理成一套完整的模式，并放进了这本书里。本书系统性地介绍商务数据分析，穿插了许多案例讲解，内容涵盖商务数据分析思维、策略、方法，可以让读者轻松自学，快速上手。

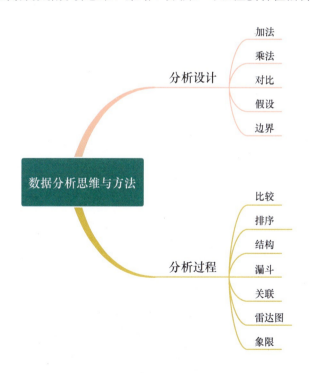

为了方便读者记忆，笔者从表述方面对来自实战的经验进行了总结与提炼。

比如，介绍数据分析思维与方法时，笔者从分析思维的角度定义加法思维、乘法思维、对比思维、假设思维、边界思维，从分析方法的角度讲解比较、排序、结构、漏斗等方法。

无论读者是从事电子商务方面的工作，还是从事制造业以及其他实体行业相关的工作，只要工作涉及商业分析，本书就能为读者提供参考。

本书非常适合想要深入了解商务数据分析的新手阅读。同时，本书也适合有一定经验的职场人士阅读以进一步提升商务数据分析技能。

由于笔者能力有限，书中难免存在疏漏之处，还望读者谅解并不吝指正，相关意见和建议请发送电子邮件至 jiahongfei@ptpress.com.cn，我们将尽力回复。

目 录

第1章 认识商务数据分析 ·· 001
  1.1 商务数据分析的概念 ·· 002
  1.2 商务数据分析的目的和意义 ··· 003
    1.2.1 发现问题 ··· 004
    1.2.2 找出机会 ··· 006
    1.2.3 预测未来 ··· 008
    1.2.4 优化决策 ··· 010

第2章 数据分析思维与方法 ··· 012
  2.1 数据分析思维 ·· 013
    2.1.1 加法思维 ··· 013
    2.1.2 乘法思维 ··· 013
    2.1.3 对比思维 ··· 014
    2.1.4 假设思维 ··· 015
    2.1.5 边界思维 ··· 015
  2.2 数据分析方法 ·· 015
    2.2.1 比较分析法 ··· 015
    2.2.2 排序分析法 ··· 016
    2.2.3 结构分析法 ··· 016
    2.2.4 趋势分析法 ··· 017
    2.2.5 漏斗分析法 ··· 017
    2.2.6 关联分析法 ··· 018
    2.2.7 雷达图分析法 ·· 018
    2.2.8 象限分析法 ··· 019

第3章 商务数据分析流程与案例 ··· 020
  3.1 商务数据分析流程 ·· 021
    3.1.1 明确目的 ··· 021
    3.1.2 数据收集 ··· 021
    3.1.3 数据处理 ··· 022
    3.1.4 数据分析 ··· 023
    3.1.5 撰写报告 ··· 025

3.2 【案例】商务活动前期的数据分析 ·········· 025

第4章 市场数据调研分析 ·········· 029

4.1 市场数据调研分析的四大要素 ·········· 030
4.2 经济环境数据分析 ·········· 031
  4.2.1 宏观经济数据分析 ·········· 031
  4.2.2 行业数据分析与应对策略 ·········· 035
4.3 用户数据分析 ·········· 035
4.4 商品数据分析 ·········· 039
4.5 场地数据分析 ·········· 039

第5章 商品预投放分析与策略 ·········· 041

5.1 定名：抢占客户认知 ·········· 042
5.2 定位：确定商品的档次和使命 ·········· 043
  5.2.1 什么是商品定位 ·········· 043
  5.2.2 为什么要做商品定位 ·········· 043
  5.2.3 商品定位策略 ·········· 044
  5.2.4 商品定位步骤 ·········· 044
5.3 定型：确定商品的外形和尺寸 ·········· 047
  5.3.1 什么是商品定型 ·········· 047
  5.3.2 为什么要做商品定型 ·········· 047
  5.3.3 商品定型策略 ·········· 047
5.4 定义：确定商品功能和配置 ·········· 049
  5.4.1 什么是商品定义 ·········· 049
  5.4.2 为什么要做商品定义 ·········· 050
  5.4.3 商品定义策略 ·········· 050
5.5 定人：确定购买商品的客户群体 ·········· 053
  5.5.1 什么是商品定人 ·········· 053
  5.5.2 为什么要做商品定人 ·········· 053
  5.5.3 商品定人策略 ·········· 054
5.6 定质：确定商品的质量等级 ·········· 055
  5.6.1 什么是商品定质 ·········· 055
  5.6.2 为什么要做商品定质 ·········· 055
  5.6.3 商品定质的策略 ·········· 056
5.7 定价：确定商品的价格区间 ·········· 056
  5.7.1 什么是商品定价 ·········· 056
  5.7.2 为什么要做商品定价 ·········· 056
  5.7.3 商品定价策略 ·········· 057
5.8 定量：确定商品的预期销量 ·········· 058

- 5.8.1 什么是商品定量 ... 059
- 5.8.2 为什么要做商品定量 ... 059
- 5.8.3 商品定量策略 ... 059
- 5.9 定时：确定商品时间节点和投放窗口期 ... 060
  - 5.9.1 什么是商品定时 ... 060
  - 5.9.2 为什么要做商品定时 ... 060
  - 5.9.3 商品定时策略 ... 061
- 5.10 定点：确定商品投放的区域 ... 061
  - 5.10.1 什么是商品定点 ... 062
  - 5.10.2 为什么要做商品定点 ... 062
  - 5.10.3 商品定点策略 ... 062
- 5.11 定本：确定商品的成本目标 ... 063
  - 5.11.1 什么是商品定本 ... 063
  - 5.11.2 为什么要做商品定本 ... 063
  - 5.11.3 商品定本策略 ... 063
- 5.12 定投：确定商品的投资和费用 ... 065
  - 5.12.1 什么是商品定投 ... 065
  - 5.12.2 为什么要做商品定投 ... 065
  - 5.12.3 商品定投策略 ... 066

第6章 商品定价策略与常用方法 ... 067

- 6.1 商品定位与价格区间 ... 068
  - 6.1.1 快速了解价格端概念 ... 068
  - 6.1.2 从行业价格区间确定核心竞品 ... 069
  - 6.1.3 核心竞品锁定价格区间 ... 069
  - 6.1.4 价格区间必须符合展台逻辑 ... 070
- 6.2 商品定价策略与方法 ... 071
  - 6.2.1 商品定价策略分类 ... 071
  - 6.2.2 商品定价方法选择 ... 073
- 6.3 商务费用策略 ... 074
  - 6.3.1 变动商务费用策略 ... 074
  - 6.3.2 固定商务费用策略 ... 075
- 6.4 网点利润策略 ... 077
  - 6.4.1 固定比例 ... 077
  - 6.4.2 保底提成 ... 078
  - 6.4.3 固定总包 ... 078
  - 6.4.4 按档提成 ... 078
  - 6.4.5 超额累进 ... 079
- 6.5 价格能力分析模型 ... 079

- 6.5.1 分析价格能力 ········· 080
- 6.5.2 分析价格能力实战案例 ········· 081

6.6 保本点计算模型 ········· 082
- 6.6.1 与保本点相关的计算公式 ········· 083
- 6.6.2 保本点计算实战案例 ········· 083

6.7 商品生命周期定价策略 ········· 084
- 6.7.1 4种定价策略 ········· 085
- 6.7.2 明降策略 ········· 085
- 6.7.3 暗降策略 ········· 086
- 6.7.4 明涨策略 ········· 087
- 6.7.5 暗涨策略 ········· 088
- 6.7.6 明平策略 ········· 089
- 6.7.7 暗平策略 ········· 089
- 6.7.8 明混策略 ········· 090
- 6.7.9 暗混策略 ········· 091

6.8 尾货定价策略 ········· 092
6.9 商品定价数字技巧 ········· 093

第7章 商品销售数据分析与策略 ········· 095

7.1 电子商务数据分析 ········· 096
- 7.1.1 什么是电子商务数据分析 ········· 096
- 7.1.2 使用杜邦分析法剖析电子商务数据维度 ········· 096
- 7.1.3 使用漏斗分析法分析流量与成交量关系 ········· 098
- 7.1.4 使用回归分析法分析搜索量与成交量关系 ········· 100
- 7.1.5 商品销售结构分析 ········· 101
- 7.1.6 使用结构分析法分析渠道数据 ········· 103
- 7.1.7 使用相关因素法分析客户活跃度 ········· 103
- 7.1.8 客户贡献度分析 ········· 104
- 7.1.9 使用加权分析法分析人气指数与销量关系 ········· 105
- 7.1.10 使用象限分析法理性决策投诉数据 ········· 106
- 7.1.11 使用相关性分析法分析关注度与销量的关系 ········· 108

7.2 销售数据分析 ········· 111
- 7.2.1 什么是销售数据分析 ········· 111
- 7.2.2 使用对比分析法找出预实数据的问题 ········· 111
- 7.2.3 使用ABC分析法分析销售结构 ········· 113
- 7.2.4 使用趋势分析法分析行业份额数据 ········· 113
- 7.2.5 使用二八分析法分析质量数据 ········· 115
- 7.2.6 对比趋势监控价格能力 ········· 116
- 7.2.7 使用敏感矩阵法进行价格敏感度分析 ········· 116

		7.2.8 使用6B法深度分析投放量与库存量关系	118

- 7.2.8 使用6B法深度分析投放量与库存量关系 ·············· 118
- 7.2.9 库存账龄分析 ·············· 119
- 7.2.10 销量滚动预测 ·············· 120

7.3 竞品数据分析 ·············· 121
- 7.3.1 使用比较分析法分析竞品价格与销量关系 ·············· 121
- 7.3.2 使用对比分析法分析竞品销售结构 ·············· 123

7.4 客户行为数据分析 ·············· 123
- 7.4.1 使用矩阵分析法分析客户在哪里 ·············· 123
- 7.4.2 使用排序分析法分析客户最关心的问题 ·············· 125

第8章 商品后期数据分析 ·············· 126

8.1 商品战胜战败分析 ·············· 127
- 8.1.1 什么是战胜战败 ·············· 127
- 8.1.2 为什么要做商品战胜战败分析 ·············· 127
- 8.1.3 商品战胜战败分析方法 ·············· 127
- 8.1.4 商品战胜战败分析案例解析 ·············· 129

8.2 商品改款升级分析 ·············· 135
- 8.2.1 商品改款升级 ·············· 135
- 8.2.2 为什么要做商品改款升级 ·············· 136
- 8.2.3 商品改款升级分析聚焦两点 ·············· 136
- 8.2.4 商品改款升级模式 ·············· 139

8.3 商品下架策略与分析 ·············· 140
- 8.3.1 什么是商品下架 ·············· 140
- 8.3.2 商品下架类型与原因 ·············· 140
- 8.3.3 商品下架分析方法 ·············· 140
- 8.3.4 故事：资金不能打水漂儿，下架 ·············· 140

第9章 客户数据管理与分析 ·············· 142

9.1 客户数据是宝藏 ·············· 143
- 9.1.1 客户数据不是简单的数据，而是大数据库 ·············· 143
- 9.1.2 用数据记录商品与客户的关系 ·············· 143
- 9.1.3 数据质量不能马虎 ·············· 143

9.2 客户偏好 ·············· 144
- 9.2.1 什么是客户偏好 ·············· 144
- 9.2.2 客户偏好分析的重要性 ·············· 145
- 9.2.3 使用联合分析法模拟分析客户偏好 ·············· 145
- 9.2.4 客户偏好分析实战：这两款新鞋能不能做 ·············· 147

9.3 客户价值度 ·············· 151
- 9.3.1 什么是客户价值度 ·············· 151

		9.3.2 为什么要分析客户价值度	152
		9.3.3 使用6级区格法分析客户价值度	152
	9.4	客户满意度	153
		9.4.1 什么是客户满意度	153
		9.4.2 为什么要分析客户满意度	153
		9.4.3 使用相关系数分析客户满意度	153
		9.4.4 【案例】客户不满意，不一定是价格的问题	154
	9.5	客户黏性	157
		9.5.1 什么是客户黏性	157
		9.5.2 为什么要分析客户黏性	157
		9.5.3 使用七感法分析客户黏性	157
		9.5.4 如何提升客户黏性	160
	9.6	消费能力	161
		9.6.1 什么是消费能力	161
		9.6.2 为什么要研究消费能力	161
		9.6.3 使用区格法做消费能力分析	161
	9.7	客户消费延展性	162
		9.7.1 什么是客户消费延展性	163
		9.7.2 为什么要分析客户消费延展性	163
		9.7.3 使用相关性分析法分析客户消费延展性	163
	9.8	客户流失	165
		9.8.1 客户流失原因分析	165
		9.8.2 客户流失价值评估	165

第10章 公关宣传数据管理与分析 167

	10.1	如何提升曝光点击率	168
		10.1.1 什么是曝光点击率	168
		10.1.2 为什么要分析曝光点击率	168
		10.1.3 如何提升曝光点击率	169
	10.2	分析刷喜率指标	170
		10.2.1 什么是刷喜率	170
		10.2.2 为什么要分析刷喜率	171
		10.2.3 如何分析刷喜率	172
		10.2.4 如何提升刷喜率	172
	10.3	分析负面消息报道率	173
		10.3.1 什么是负面消息	173
		10.3.2 为什么要分析负面消息报道率	174
		10.3.3 通过趋势分析负面消息报道率	174
	10.4	新媒体数据分析的9种方法	175

         10.4.1 什么是新媒体······176
         10.4.2 为什么要分析新媒体数据······176
         10.4.3 新媒体数据分析方法······176
    10.5 做大声浪数据与实战案例······177
         10.5.1 什么是声浪······177
         10.5.2 为什么分析声浪数据······177
         10.5.3 怎样分析热点······178
         10.5.4 怎样把控热点······178
    10.6 公关数据分析······179
         10.6.1 传播面积价值度分析······180
         10.6.2 媒体倾向数据分析······180

第11章 商务团队管理与数据分析······181
    11.1 优秀的商务团队管理者是什么样的······182
         11.1.1 优秀的商务团队管理者需要做些什么······182
         11.1.2 优秀的商务团队管理者具备哪些能力······182
    11.2 金字塔式目标分解······183
         11.2.1 什么是金字塔式目标分解······183
         11.2.2 为什么要使用金字塔式目标分解······184
         11.2.3 怎样进行金字塔式目标分解······184
         11.2.4 金字塔式目标分解的原则······185
    11.3 业绩与行为双轴评价······187
         11.3.1 什么是业绩与行为双轴评价······187
         11.3.2 为什么要使用业绩与行为双轴评价······188
         11.3.3 怎样设置指标和评价······188
    11.4 节点跟踪与纠偏分析······191
         11.4.1 什么是节点跟踪与纠偏分析······191
         11.4.2 为什么要做节点跟踪与纠偏分析······191
         11.4.3 怎样进行节点跟踪与纠偏分析······191
    11.5 泡泡法薪酬激励机制······192
         11.5.1 什么是泡泡法薪酬激励机制······192
         11.5.2 为什么要实行泡泡法薪酬激励机制······193
         11.5.3 怎样应用泡泡法薪酬激励机制······193
    11.6 用雷达面积法选拔干部······198
         11.6.1 什么是雷达面积法······198
         11.6.2 为什么要用雷达面积法选拔干部······198
         11.6.3 怎样使用雷达面积法选拔干部······199
    11.7 团队能力数据分析与能力建设······200
         11.7.1 为什么要为团队赋能······200

11.7.2 怎么样为团队赋能 ·········201
11.7.3 为团队赋能后团队成员应具备什么特征 ·········201

第12章 商务数据分析驾驶舱模型 ·········202

12.1 商务数据分析驾驶舱模型基础 ·········203
12.1.1 什么是商务数据分析驾驶舱模型 ·········203
12.1.2 为什么要建立商务数据分析驾驶舱模型 ·········203
12.1.3 什么边界条件可以建模 ·········203
12.1.4 商务数据分析驾驶舱的建模思维 ·········204

12.2 商务数据分析七步建模 ·········205
12.2.1 第一步：分析诉求 ·········206
12.2.2 第二步：设计草图 ·········206
12.2.3 第三步：数据采集 ·········207
12.2.4 第四步：搭建框架 ·········207
12.2.5 第五步：公式链接 ·········207
12.2.6 第六步：美化配色 ·········208
12.2.7 第七步：安全设置 ·········208

12.3 商务数据分析建模实例 ·········209
12.3.1 第一步：分析销售部门诉求 ·········209
12.3.2 第二步：按销售部门诉求设计草图 ·········209
12.3.3 第三步：采集销售数据 ·········210
12.3.4 第四步：搭建商务数据分析驾驶舱框架 ·········212
12.3.5 第五步：将公式链接到商务数据分析驾驶舱 ·········213
12.3.6 第六步：美化商务数据分析驾驶舱 ·········213
12.3.7 第七步：设置密码，隐藏工作表 ·········214

第13章 编制一套完整的商务数据分析报告 ·········215

13.1 了解商务数据分析报告 ·········216
13.1.1 什么是商务数据分析报告 ·········216
13.1.2 为什么要编制商务数据分析报告 ·········216
13.1.3 商务过程中的重要节点 ·········217

13.2 如何编制商务数据分析报告 ·········217
13.2.1 编制商务数据分析报告的关键因素 ·········218
13.2.2 编制商务数据分析报告的步骤 ·········218

第 1 章
认识商务数据分析

在大数据时代,各行各业都需要分析海量的数据,以便更好地开展经营、进行决策。通过分析数据,不仅可以及时发现运营中的问题并进行纠正,而且能科学地预测行业走向、商品销量等,同时能够通过找到较优甚至最优的选择降低运营成本,让企业具备更强的竞争力。在学习商务数据分析之前,首先要了解商务数据分析的概念、目的和意义,为学习商务数据分析打下坚实的基础。

1.1 商务数据分析的概念

商务数据分析，就是指利用各种数据统计、分析方法，将所收集的商务数据进行整理、归纳和分析，并将整理、归纳、分析过的数据转变为有价值的信息的过程。简单来说，商务数据分析就是将商务活动中产生的数据转化为有价值的信息的过程。

尽管商务数据包含的种类非常多，如电子商务数据、制造业商务数据、零售业商务数据、服务业商务数据等，但就过程来说，一般就分为商务启动期、商务前期、商务过程期、商务后期4个阶段，如图1-1所示。

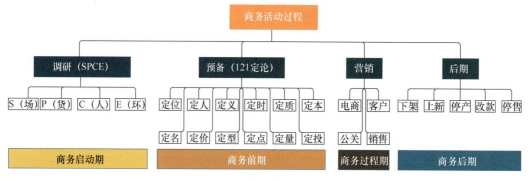

图1-1

商务启动期，主要包含对客户、商品、销售场所、市场环境的调查、研究、分析，为商务前期的活动做准备。启动期的活动可概括为"调研SPCE"，即对场（场所，Spot）、货（商品，Production）、人（客户，Customer）、环（环境，Environment）进行调研和分析。

商务前期，主要是指商品在投放前的预备过程，包括商品定位、定型、定量、定价、定人等12种活动，以及针对12种活动的对标。如果投放准备做得充分，那么商品投放市场后获得成功的概率就非常高，正所谓"种瓜得瓜，种豆得豆"。如果在商务前期种下的是"豆"，想要在商务过程中得到"瓜"，那是天方夜谭。

商务过程期，主要包含商品在营销过程中买卖双方的活动，例如商品发布、广告宣传、门店管理、商品上架、浏览、交易、支付等活动，以及咨询、评价等售后服务活动，涉及电商、客户、公关、销售等要素。与之相关的数据通常有浏览量、点击率、转化率、流失率、复购率、客单价、平均访问深度等。

> **知识扩展**
>
> 商务数据与大数据。商务数据不一定是大数据。大数据是以体量大、类型多、存取速度快、应用价值高为主要特征的数据集合。大数据必须分布式处理，依托分布式数据库和云存储、虚拟化等技术。而小企业的商务数据，可能只是几百行或几千行数据，虽然不是大数据，但是数据的内容是全面的、具体的，并且数据的维度比较多，可利用的价值同样比较高。

> **知识扩展**
> 电子商务数据是营销数据的一部分，而营销数据是商务数据的一部分。

商务后期，主要包含商品下架、商品改款、商品生命周期回顾等活动，例如商品销售不佳，是否要下架、停售、停产、改款或者上新？商品销售非常好，则要总结成功的经验，做横向、全面的推广。

1.2 商务数据分析的目的和意义

如果只对数据进行简单计算和汇总，而不进行深入分析，那么这些数据应有的价值可能就未被挖掘出来。而数据分析的意义就在于挖掘数据背后的价值。在商务活动的过程中，数据分析人员需要借用各种数据分析手段，将收集的相关数据进行加工处理，并从中提取有用的信息，帮助企业做出正确的判断和决策。例如，某商家想要预测"双11"的店铺商品销量，以便备货，就需要结合商家的往年数据和近期的市场行情进行缜密的数据分析，才能得到预测结果。

对商务数据进行分析，首先要明确商务数据分析的目的。总的来讲，商务数据分析的目的可以归纳为发现问题、找出机会、预测未来和优化决策，如图1-2所示。换句话说，商务数据分析以商务活动为对象，通过对数据进行筛选、甄别、分析等处理，发现问题、找出机会、预测未来、优化决策，从而解决问题，做出决策。

我们可以通过图1-2中的4个象限理解商务数据分析的目的。

图1-2

① 预测未来。宏观经济数据，如全行业、全国、全球的经济数据等，对企业而言是不可控的，但是企业可以根据已经公布的数据进行预测，例如做经济走势预测、原材料市场走势预测、消费指数预测等。一旦有了科学的预测，企业就可以提前准备，规避风险，减少损失。

② 找出机会。可以从历史宏观数据中寻找机会，比如针对某个行业的市场，企业发现年龄在 30 ～ 40 岁的人群的消费能力还未被完全激发，就可以重点开发适合 30 ～ 40 岁的人使用的商品。这就是从数据中找出机会。

③ 发现问题。企业拥有自己的历史微观数据，可以分析这些数据，进而发现商务活动过程的问题，并对问题进行改善。

④ 优化决策。企业可以模拟数据，进行仿真调研，在商品开发过程中最大程度地做到预见未来，便于做方向上的调整，优化决策。

1.2.1 发现问题

【案例】利用数据的表象追踪问题根源

某网店今年花费大量资金研发、投放 5 款新产品，第 1 季度的退货数据如表 1-1 所示。店主要求运营人员对数据进行分析，给出结论和建议。

表 1-1

型号	1月	2月	3月
连衣裙 1/ 件	25	35	30
连衣裙 2/ 件	310	370	340
连衣裙 3/ 件	45	50	35
连衣裙 4/ 件	360	450	500
连衣裙 5/ 件	200	100	85

【分析】通过对 5 款产品的退货数进行求和，然后排序，最后得出 5 款产品的退货数占比及降序排列结果，可以发现连衣裙 4 和连衣裙 2 的占比很高，这两款产品的退货数占 5 款产品退货数总和的 80%，如表 1-2 所示。

表 1-2

型号	1月	2月	3月	合计	占比	图表
连衣裙 4	360	450	500	1310	45%	
连衣裙 2	310	370	340	1020	35%	
连衣裙 5	200	100	85	385	13%	
连衣裙 3	45	50	35	130	4%	
连衣裙 1	25	35	30	90	3%	
合计	940	1005	990	2935	100%	

店主通过收集、整理 7 天无理由退货的相关数据，让代加工厂做质量鉴定和分析。发现连衣裙 4 和连衣裙 2 存在吊牌字迹不清晰、产品面料手感不佳等问题。代加工厂改进了这两款产品的质量，客户好评度逐渐提升，退货量也慢慢降低了。

由此可见，在商务活动中，我们不能只看数据的表象，要透过数据表象寻找隐藏在数据背后的问题，最后找到解决问题的方法和措施。

【案例】利用数据对比分析发现商务费用问题

某公司生产 EH75 和 MH98 这两款产品,两款产品 1～6 月的销量、销售指导价和商务费用总额如表 1-3 所示。公司要求找出商务费用率高于 8% 的产品,然后进一步挖掘商务费用高的原因,从而降低商务费用。

表 1-3

月份	产品代码	销量 / 件	销售指导价 / 元	商务费用总额 / 元
1 月	EH75	475	125,487	3,506,251
2 月	EH75	50	125,487	1,256,932
3 月	EH75	350	125,487	3,430,128
4 月	EH75	610	125,487	4,025,540
5 月	EH75	711	125,487	4,135,619
6 月	EH75	316	125,487	2,924,219
1 月	MH98	1238	157,294	13,615,164
2 月	MH98	125	156,709	1,278,584
3 月	MH98	1299	157,854	13,703,919
4 月	MH98	1169	157,102	12,256,448
5 月	MH98	1005	157,573	30,035,511
6 月	MH98	1326	156,118	11,820,940

【分析】要了解一款产品的商务费用是否高于设定的正常值,应该计算每款产品每月的商务费用率。因此,分析时先计算每款产品的单品费用额和商务费用率,如表 1-4 所示。

表 1-4

月份	产品代码	销量 / 件	销售指导价 / 元	商务费用总额 / 元	单品费用 / 元	商务费用率
1 月	EH75	475	125,487	3,506,251	7,382	5.9%
2 月	EH75	50	125,487	1,256,932	25,139	20.0%
3 月	EH75	350	125,487	3,430,128	9,800	7.8%
4 月	EH75	610	125,487	4,025,540	6,599	5.3%
5 月	EH75	711	125,487	4,135,619	5,817	4.6%
6 月	EH75	316	125,487	2,924,219	9,254	7.4%
1 月	MH98	1238	157,294	13,615,164	10,998	7.0%
2 月	MH98	125	156,709	1,278,584	10,229	6.5%
3 月	MH98	1299	157,854	13,703,919	10,550	6.7%
4 月	MH98	1169	157,102	12,256,448	10,485	6.7%
5 月	MH98	1005	157,573	30,035,511	29,886	19.0%
6 月	MH98	1326	156,118	11,820,940	8,915	5.7%

从表 1-4 可以看出,EH75 产品 2 月的商务费用率为 20%,MH98 产品 5 月的商务费用率为 19%,均远超公司设定的 8%。在识别出这两个月为异常点后,仔细查找原因,发现 EH75

产品在 2 月的销量太低，应该提高销量；MH98 产品在 5 月的销量虽然不算低，但商务费用太高，需要降低商务费用。

在进行商务数据分析时，为了让运营人员能够很直观地看出两款产品每月的商务费用率与设定的商务费用率的对比情况，数据分析人员通常使用柱形图对商务费用率进行展示，如图 1-3 所示。

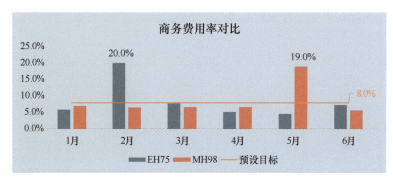

图1-3

1.2.2 找出机会

【案例】通过数据分析发现空白价格区间机会

某汽车厂计划投放一款新汽车，但是现在汽车市场竞争态势非常严峻，公司总经理很犯愁，不知道该投放什么级别、什么价位的汽车才有市场竞争力？于是，他要求产品规划部给出方案和建议。

【分析】产品规划部接到任务后，开始收集上一年度汽车价格和销量方面的相关数据，整理结果如表 1-5 所示。

表 1-5

价格区间 / 元	销量 / 万台	
	BTB 市场	BTC 市场
<20000	2	2
20000～40000	10	150
40000～60000	9	81
60000～80000	11	121
80000～100000	3	22
100000～120000	27	30
120000～140000	71	40
140000～160000	44	35
160000～180000	16	30
180000～200000	7	13
200000～220000	6	5
220000～240000	3	4

续表

价格区间/元	销量/万台	
	BTB 市场	BTC 市场
240000 ~ 260000	17	69
260000 ~ 280000	22	56
280000 ~ 300000	18	16
>300000	26	69

单从表 1-5 的数据统计中很难看出问题。但数据分析人员将这些数据进行可视化处理，即将这些数据制作成柱形图进行分析就容易看出问题了，如图 1-4 所示。

图1-4

数据分析人员从图 1-4 发现，价格区间为 20000 ~ 80000 元的汽车销量非常高，且主要集中在 BTC 市场；价格区间为 80000 ~ 180000 元时，BTB 和 BTC 市场的汽车销量都相对较高；价格区间为 240000 元以上时，BTC 市场的汽车销量相对较高。

根据各价格区间的销售表现，数据分析人员研究了客户群体的偏好、需求、经济状况等因素，最后给出建议：投放一款价格区间为 180000 ~ 240000 元的汽车，从中挖掘潜在的机会。公司企划部与销售部共同讨论后最终采纳了这个建议，决定研发一款价格区间为 180000 ~ 240000 元的纯电动的 SUV 车型，计划在两年内投放，以抢占市场先机。

由此可见，通过商务数据分析，可以发现潜在的机会，帮助企业提升竞争力；也可以发现潜在的风险，帮助企业降低风险。

【案例】从材料市场中寻找价格低点

某汽车零部件公司安排专员对材料价格进行监控、分析、预测，目的是在价格最高点销售存货，在价格最低点购进现货以获得丰厚的利润。图 1-5 所示为材料牌号为 Q10 的材料在 2008—2018 年的价格趋势。

图1-5

【分析】从图 1-5 中可以看出：在 2008—2014 年，Q10 材料的价格在 2000～4615 元波动，价格从 2008 年上半年的最高位一路下跌。由于专员长期从事对材料市场的追踪，根据多年的经验，他决定在 2015 年下半年分批低价采购 Q10 材料进行囤积。不出所料，Q10 材料在 2016 年 1 月之后价格一路上涨，最高超过 2796 元，由于公司对 Q10 材料需求很大，该专员在 2015—2016 年为公司节约了 3000 多万元。

1.2.3 预测未来

【案例】通过数据回归预测产品投放结果

甲乙两家公司是竞争对手，它们在某年 10 月分别投放了 A 品牌手机和 B 品牌手机，这两款手机从配置来说差不多，价格差异也不大，一款售价为 3500 元，另一款售价为 3400 元。两款手机上市前 6 个月的销量与负面评价率数据如表 1-6 所示。

表 1-6

月份	A 品牌		B 品牌	
	销量 / 台	负面评价率	销量 / 台	负面评价率
10 月	30000	5.0%	22000	5.0%
11 月	29000	4.8%	35820	4.7%
12 月	25810	5.5%	38690	3.9%
次年 1 月	22010	7.3%	45871	3.2%
次年 2 月	18920	8.2%	48921	2.1%
次年 3 月	15200	9.5%	58962	0.8%

【分析】通过对 A 品牌和 B 品牌前 6 个月的销量和负面评价率的分析，我们可以发现 A 品牌的销量逐月下滑，负面评价率逐月上升；B 品牌的销量则逐月上升，负面评价率逐月下降。

根据较长周期数据分析结论，产品投放失败与否与其负面评价率具有强相关性。因此，需要对 A、B 两个品牌的销量和负面评价率进行相关性分析，如图 1-6 所示。

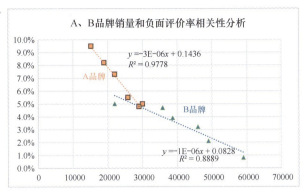

图1-6

通过对A品牌和B品牌前6个月的销量和负面评价率的相关性分析，我们可以发现销量和负面评价率呈现非常强的负相关性。结合前6个月两个品牌的负面评价率的走势，可以预测A品牌产品后续销量会继续下滑，投放失败；B品牌产品后续销量会继续上升，投放成功。

【案例】预测明年销售情况

某公司产品今年的销量如表1-7所示。领导要求运营部门预测明年销售情况，并要求预测必须有理有据，不能是"空中楼阁"。

表 1-7

1月	2月	3月	4月	5月	6月	7月	8月	9月	10月	11月	12月
5500	5400	5800	6000	5900	5800	6200	6500	6600	6700	6500	6700

【分析】有同事用本年度销量的平均值6133进行预测，领导不满意，认为没有前瞻性。有同事直接把今年的销售数据复制过来，领导认为没有基于本年度销售数据进行预测，是一种敷衍的行为。有个别同事则采用回归分析法对本年度的销售数据进行分析，从而得到预测结果，如图1-7所示。

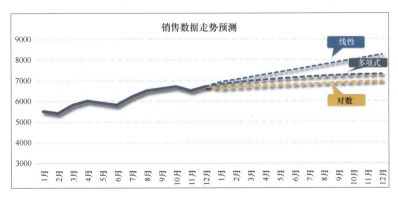

图1-7

显然，前两种预测方法很粗糙，也不准确，都是基于经验，没有理论支撑。最后这种采用回归分析法的方法是一种科学的做法，它可以对数据进行预测或估算。

1.2.4 优化决策

【案例】利用数据分析,优化产品策略

某家做消费品的公司,这几年产品定价基本采取跟随策略,即定价与竞争对手的差不多,但是产品销量不高。公司领导让商务部对此情况进行分析。

【分析】接到任务后,商务部员工开始从客户反馈信息入手进行调查,主要对外观、质量、广告费投入、维保、舒适性、安全、口碑等进行调查,然后把近7年的销售数据进行了整理。由于公司的主要竞争对手有两家,于是商务部员工把本公司与这两家公司近7年的负面口碑率、正面口碑率进行统计和打分,如表1-8所示;然后分别整理各公司的广告费投入,如表1-9所示;最后整理本公司销量、外观、质量、广告费投入、维保、舒适性、安全、口碑等方面的得分,结果如表1-10所示。

表 1-8

年份	负面口碑率			正面口碑率			得分/分		
	本企	A对手	B对手	本企	A对手	B对手	本企	A对手	B对手
2015年	4.5%	3.5%	3.0%	95.5%	96.5%	97.0%	96	97	97
2016年	5.5%	4.5%	3.8%	94.5%	95.5%	96.2%	95	96	96
2017年	5.2%	5.0%	4.0%	94.8%	95.0%	96.0%	95	95	96
2018年	5.0%	5.0%	3.7%	95.0%	95.0%	96.3%	95	95	96
2019年	5.6%	4.5%	3.5%	94.4%	95.5%	96.5%	94	96	97
2020年	5.5%	4.2%	3.4%	94.5%	95.8%	96.6%	95	96	97
2021年	6.2%	4.0%	3.5%	93.8%	96.0%	96.5%	94	96	97

表 1-9

年份	广告费投入/万元			最大投入/万元	占最大投入比例			得分/分		
	本企	A对手	B对手	max	本企	A对手	B对手	本企	A对手	B对手
2015年	500	300	450	500	100%	60%	90%	100	60	90
2016年	400	400	600	600	67%	67%	100%	67	67	100
2017年	300	350	400	400	75%	88%	100%	75	88	100
2018年	200	400	500	500	40%	80%	100%	40	80	100
2019年	200	300	400	400	50%	75%	100%	50	75	100
2020年	350	400	400	400	88%	100%	100%	88	100	100
2021年	400	400	350	400	100%	100%	88%	100	100	88

表 1-10

年份	销量/件	外观/分	质量/分	广告费投入/分	维保/分	舒适性/分	安全/分	口碑/分
2015年	2800	65	59	100	64	70	70	96
2016年	2400	70	57	67	68	64	70	95
2017年	2200	78	68	75	70	65	68	95
2018年	2000	62	52	40	52	62	65	95
2019年	2000	75	52	50	52	60	75	94
2020年	1800	55	52	88	52	61	65	95
2021年	1700	60	52	100	52	58	58	94

通过对整理好的竞争对手数据从相关性入手进行分析，商务部员工发现舒适性、口碑与销量相关性较强，其分析结果分别如图 1-8 和图 1-9 所示。

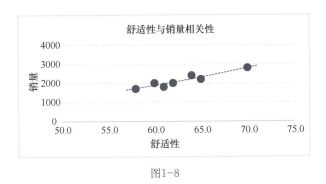

图1-8

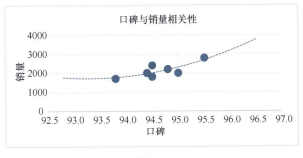

图1-9

由此可见，现在的消费者主要关注产品的舒适性和口碑，而不再一味追求产品的低价格。因此，公司最后决定，对产品在舒适性和口碑方面进行改进。从体感、互动性等方面下功夫改进舒适性，并让公关部在网络上宣传，以提升正面口碑率，同时要求财务部对广告费进行预算控制。

第 2 章
数据分析思维与方法

数据分析思维贯穿数据分析工作,只有掌握数据分析的思维方式,数据分析人员才能更好地将数据转换为有价值的信息。在数据分析过程中,数据分析人员应该熟知数据分析的常用思维与方法。

2.1 数据分析思维

数据分析思维是以数据为对象,运用多种工具分析数据,从中发现有价值的信息的思考过程。它的核心是从数据中探索规律,从而使人更好地理解数据的本质。

2.1.1 加法思维

加法思维指把数据按照一定的标准、规则进行分类,可以逐层细分地拆解数据。加法思维,又可以称为分类思维、细分思维,主要应用于分析思路整理和数据处理过程。对加法思维直观的逻辑理解如下:

$$A=B+C$$

在分析过程中,我们要对数据进行分类。一般情况下,数据拆解得越细,分析就越透彻,就越容易找出原因或机会。加法思维是一种常见的数据分析思维。

在进行数据处理和分析时,数据分析人员根据不同的维度对数据进行分类,在分类的过程中找出具有代表性的数据进行深入分析,从而得到更精准的分析结果。通常数据分析人员可以从以下维度对数据进行分类。

- ✦ 区域:针对主要消费人群按区域属性进行细分,可以快速、精准地获取主要消费人群相关信息。
- ✦ 时间:不同时间段呈现的数据不同,根据时间维度分析数据可得到目标消费人群每天的购物高峰时间段。
- ✦ 渠道:比如在分析成交转化率时,自主访问、付费推广、老客户推荐等不同渠道的客户所产生的成交转化率肯定是不一样的,所以商家可以针对不同渠道的客户制定不同的营销方案。
- ✦ 客户:不同客户群体的需求和属性是不同的,比如不同性别的人的购买偏好不同,男性消费者大多喜欢购买科技、数码类产品,而女性消费者大多喜欢购买服饰、美妆类产品。
- ✦ 行业:要想深入地研究某一细分领域的数据,就需要对行业进行细分。图 2-1 所示的是对服装行业进行细分的一种方式示意。

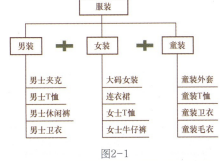

图2-1

通常,进行数据分析时可以从不同维度对数据进行分类。这样做通常能找到问题的根本或解决问题的切入点,因此说"分得越细,解得越透"。

2.1.2 乘法思维

乘法思维将分析的对象按关联因素进行分解,分解成两种或多种因素的乘积,以体现子因素对父因素的影响程度。乘法思维是将影响指标的因素进行分解、分析的一种数据分析思维。杜邦分析法体现的思维就是典型的乘法思维。乘法思维主要应用于数据分析和分析模型设计过程，目的是找出影响分析对象的关联因素。对乘法思维直观的逻辑理解如下：

$$A=B\times C$$

比如，我们分析销售额（销售额＝销售量×销售单价），销售量和销售单价是不同的两种因素，而两种因素的乘积构成了销售额。又比如，经济学家钱颖一提出一个假说：创造力＝知识×好奇心和想象力。此假说表明，接受更多教育（吸收更多知识）固然能提升创造力，但若缺乏好奇心和想象力，创造力并不会真正增加。

例如，在做成交分析时，销售额＝成交用户数×客单价，成交用户数＝访客数×转化率。应用乘法思维对销售额这一数据指标进行分解，可以得到图2-2所示的示意图。

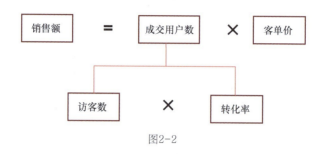

图2-2

2.1.3 对比思维

对比思维指对两种相近或相反事物进行比较的分析思维，通过比较，我们可以找到事物的异同及其特性、本质，发现问题，找出机会和规律。对比思维的特点是把其中一种事物的有关信息作为评价标准，或称为参考点，把要对比的两种事物的相同信息剔除，就会发现差异。我们可以借此清晰地看到对比事物的数据变化，包括增大、减小，以及变化速度等的异同。对对比思维直观的逻辑理解如下：

$$\Delta=A-B，\Delta=A/B$$

对比思维常用于差异法、同比法和环比法等分析法中。差异法就是对不同事物之间差异进行比较；同比法多用于对同类事物按不同年份相同时点进行比较；环比法多用于对同类事物按相同年份相邻时点进行比较。比如，我们在做销售数据分析时，对于去年1～6月和今年1～6月的数据，我们可以做差异对比分析，也可以做差异率分析，如表2-1所示。

表 2-1

月份	1月	2月	3月	4月	5月	6月
去年	80	70	70	60	80	60
今年	80	77	75	65	72	60
差异	0	7	5	5	－8	0
差异率	0%	10%	7%	8%	－10%	0%

2.1.4 假设思维

假设思维是指从结果到原因进行逆向推导的一种思维方式。在实际的数据分析过程中，对于不确定的数据，可以采取假设思维来处理，即先假设一个结果，然后运用逆向思维倒推，一步一步抽丝剥茧，最终找到最佳的解决方案。假设思维主要用在数据收集和数据处理阶段，对未来不确定的数据进行假设，确保分析活动可以顺利进行。对假设思维直观的逻辑理解如下：

$$A \approx B$$

假设思维利用现有的数据，推出未来的数据。在做分析的时候，分析师通常会作一些假设，如"假设不降价的情况下""假设汇率保持不变"等。

2.1.5 边界思维

边界思维是指数据分析需在确定的数据范围内进行的一种思维方式，这种范围由数据获取的规则确定。其实，边界就是我们通常所说的条件，也就是说数据分析是在一定条件下进行的。例如，做市场调研分析时，我们会对数据明确提出一些要求：样本量是多少，样本来自哪个城市，男女比例和年龄结构如何，等等。有了边界就有了范围，这样的分析才具有确定性。对边界思维直观的逻辑理解如下：

$$A = \{B, C\}, A \neq \{D, E\}$$

2.2 数据分析方法

在数据分析的过程中，分析人员不仅要掌握数据分析思维，还要掌握一些科学的数据分析方法。数据分析方法种类较多，常用的有比较分析法、排序分析法、象限分析法、趋势分析法、雷达图分析法等，下面我们简单介绍这些方法的含义与适用场景。

2.2.1 比较分析法

比较分析法是一种通过比较同类元素来分析差异（率）的数据分析方法，包括同比、环比、对比、基比、均比、占比 6 种模式，所以，可以把比较分析法叫作"6B 法"。使用比较分析法时，要先找出一个参照物，然后通过比较的形式，找出分析对象的问题，挖掘存在的机会。比如，做同比分析，通常以上一年同一时期的数据为参照物，然后比较当前时期与之的差异（率）。

比较分析法较直白的问法：A 与 B 有什么差异？比较分析法直观的表达形式如图 2-3 所示，图中的 Δ 表示 A 和 B 的差异。

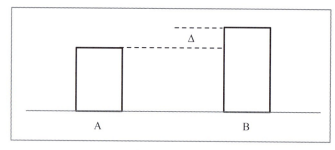

图2-3

2.2.2 排序分析法

排序分析法是一种基于某一个指标对观测值进行递增或递减等排序的数据分析方法。排序分析法的目的是快速获取目标信息，确定分析对象在总体排序中的名次、占位等。

排序分析法较直白的问法：A、B、C、D、E、F、G中，哪个最好，哪个最差，哪个最有价值，哪个影响程度最深？其直观的表达形式如图2-4所示。

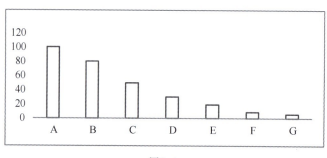

图2-4

排序分析法主要用于分析结果受各个指标影响的程度，以便抓住主要问题，高效地缓解和解决问题。比如，商品售后分析、商品成交量分析、销售人员业绩分析等都可用排序分析法。

2.2.3 结构分析法

结构分析法是在对数据进行统计、分组的基础上，计算各组成部分所占比例，进而分析某一总体的内部结构特征变化的数据分析方法。结构分析法根据特征、属性等对数据分类，在分析过程中采用龟裂（分类）、合拢（汇总）的分析模式寻找重点问题。结构分析法可以用来分析当期的数据现状，结合趋势分析法使用，可以分析各维度和整体变化情况，找出变化规律。如对消费和投资的结构进行分析，就可以使用结构分析法。

结构分析法直白的问法：在因素A、B、C、D、E中，各个因素的影响分别有多大？其直观的表达形式如图2-5所示。

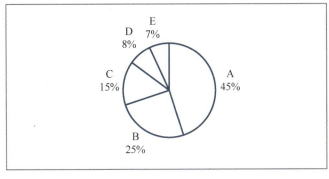

图2-5

结构分析法通常用于需要对数据进行归类的分析，比如，销售区域占比分析、购买人群结构分析、不同区域的贡献度分析、不同季度的贡献度分析等。

2.2.4 趋势分析法

趋势分析法是一种通过分析历史数据的变化趋势，从中发现问题和规律，寻找、追踪线索的数据分析方法。它结合时间序列推导数据变化趋势，是一种以现有值推测未来值的预测方法。趋势分析法推测的数据的变化趋势通常是渐进式（线性）的，这种变化趋势能够找到一个合适函数来反映。

趋势分析法直白的问法：从 A 到 B 的变化趋势是什么？继续变化到 C 的可能有多大？其直观的表达形式如图 2-6 所示。

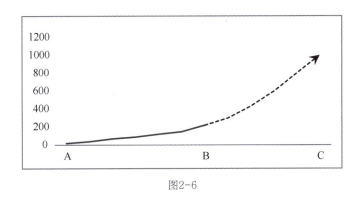

图2-6

趋势分析法是一种动态分析法，通常用于销量预测、宏观经济指标预测等。

2.2.5 漏斗分析法

漏斗分析法是一种科学的流程数据分析方法，它可以很直观地展示数据在流程中每个环节的变化，如店铺的访问转化情况、订单流失情况等。漏斗分析法通过评估分析各个环节的数据，进而达到提升各个环节表现的目的。

漏斗分析法直白的问法：每个环节是如何收敛的？其直观的表达形式如图 2-7 所示。

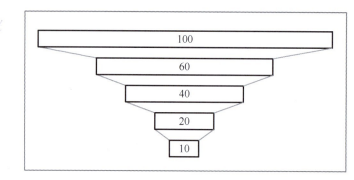

图2-7

漏斗分析法能够用来科学地评估业务过程，帮助我们找到有问题的业务环节，从而进行针对性的优化。漏斗分析法已经广泛应用于网站用户行为分析。比如，在电商平台中，从浏览到成交，经历了询问、下单、付款等环节，我们可以通过漏斗分析法分析成交率。

2.2.6 关联分析法

关联分析法是一种简单、实用的数据分析方法，它通过对两组数据进行大量集中分析，发掘两组数据的关联性。可以这样理解关联分析法：某个变量发生变化，引起其他变量发生变化；因为 X 变化了，所以 Y 也变化了，也就是 X 引起了 Y 的变化。使用关联分析法，可以发现两组数据中某些属性同时出现的规律和模式，这种分析方法属于关联挖掘分析方法。

关联分析法直白的问法：X 变化了，Y 会怎么变？其直观的表达形式如图 2-8 所示。

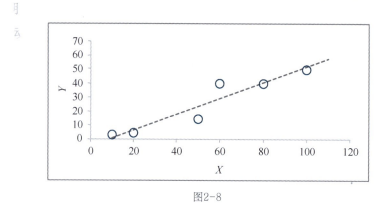

图2-8

关联分析法的应用场景非常多，如分析商品的重量与价格关系、分析商品浏览量与销量关系、分析商品广告投入与销量关系。

2.2.7 雷达图分析法

雷达图是对数据进行直观、形象、综合呈现的图形。其形状如雷达的放射波，故被称为雷达图。雷达图分析法是对一个对象或几个对象（每个对象都有相同的 3 个或 3 个以上维度，维度之间没有相关性，但是每个维度是构成分析对象的要素）进行对比分析，采用不规则多边形进行展示的分析方法。一般情况下，雷达图展示的对比维度不超过 6 个。

雷达图分析法直白的问法：影响结果的原因有多少种？每种原因的影响有多大？其直观的表达形式如图 2-9 所示。

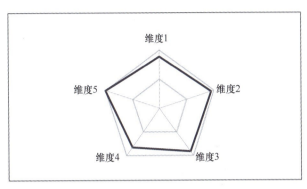

图2-9

雷达图分析法的应用场景非常多，如评估企业整体经营状况、分析企业优势和劣势等。另外，对商品特征、竞争对手竞争力、营销人员素质等进行分析也可用雷达图分析法。

2.2.8 象限分析法

象限分析法，又称为波士顿矩阵法，也被称为策略分析模型，顾名思义就是一种把数据放到 4 个象限中进行分析的方法。象限分析法常用于分析企业经营策略、市场策略、运营策略等，它可以帮助决策者以更宏观的视角分析情况，在策略甚至战略层面寻求改进方案。该方法一般用于对多个分析对象进行比较分析，每个对象具有 2～3 个维度。该方法对分析对象的维度进行组合，对特征相同的对象进行归类，通过定义数值将分析对象划分至 4 个象限。包含 2 个维度的图叫作散点图，包含 3 个维度的图叫作气泡图。

象限分析法直白的问法：处于哪个区域的数据是可以的？处于哪个区域的数据是不可以的？其直观的表达形式如图 2-10 所示。

象限分析法往往用于分析商品的表现，也用于对业务、竞争对手等进行分析。

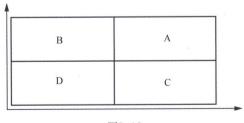

图2-10

第 3 章

商务数据分析流程与案例

数据分析人员应该熟悉数据分析的流程——首先明确数据分析的目的，然后对数据进行收集、处理、分析等一系列操作，并提炼出有价值的信息，最后撰写数据分析报告并提出建设性意见。通过对本章的学习，读者可以将数据分析流程相关的知识初步应用到数据分析的实际工作中。

3.1 商务数据分析流程

商务数据分析首先确定商业目标，然后以明确目的、数据收集、数据处理、数据分析、撰写报告为节点，最终给出有价值的信息。商务数据分析流程如图3-1所示。

图3-1

3.1.1 明确目的

做数据分析一定要有目的，不要为了分析而分析。数据分析人员首先要明确分析的目的——要达到什么样的效果，需要解决什么业务问题等。

有些人喜欢在领到任务后马上就去收集数据，分析数据。这样做是一种不够成熟的表现。正确的做法是，首先根据任务目的来确定需要分析的内容，然后有针对性地收集数据。要学会先思考再行动，不要盲目行事。

分析目的：发现问题，寻找机会，预测未来，优化决策。

效果设计：要达到什么样的效果？需要解决什么业务问题？

3.1.2 数据收集

数据收集是在明确目的和分析内容的基础上，有目的地收集、整合相关数据的过程。数据收集是数据分析的基础。

收集数据时要注意以下两点。

1. 数据的收集方式

数据的方式收集有多种，通常包括以下 4 种。

（1）从内部系统导出。例如，从公司的进销存管理系统中导出产品的销售数据，从网店的后台导出本店铺的销售数据，等等。

（2）从第三方机构购买。例如，电商运营人员通常使用的大盘行情数据就是从第三方机构购买的。

（3）通过网络收集。收集网络数据是指通过网络爬虫或网站公开的 API 等方式从网站上获取数据。该方式可以将非结构化数据从网页中抽取出来，将其存储为统一的本地数据文件。例如，网店运营人员可以使用网络爬虫技术爬取网页上的相关数据进行分析。

（4）通过市场调研等获取。例如，某公司要开发一款新口味的饮料，可以通过线上问卷、线下活动等方式收集上千名用户对产品的口感、价格等方面的预期，从而获得与本产品相关的数据。

2. 数据的真实性

在收集数据时，要确保所收集的数据是真实的、有用的，这样才能保证数据分析结果是准确、可信的。数据的真实性主要取决于收集方法是否正确，收集、整理数据的方法是否可靠，以及收集的数据是否具有相关性。只有保证数据真实、有用，才能保证数据的统计与分析的高效和正确。比如，想了解转化率与访客数之间的关系，就只收集与转化率和访客数相关的数据，其他无关的数据都不用收集。

3.1.3 数据处理

数据处理就是指对收集的数据进行加工、梳理，为数据分析做准备。数据处理在数据分析的整个流程中用时最多，数据处理的质量往往决定了数据分析的质量。

职场人士在日常工作中进行的数据处理主要包含有效性处理和数据分类两种。

1. 有效性处理

在数据分析中，能够实际用于分析的数据，称为有效数据或可靠数据。数据分析人员拿到基础数据后，必须对基础数据进行处理，比如，对不规范、不完整、不正确的数据进行处理，该删除的删除、该补充的补充、该转换的转换、该计算的计算等，使之成为有效数据。这个过程便称为有效性处理。

有效性处理要遵守"取舍""运算""应求"规则，如图 3-2 所示。

（1）取舍规则。

删除不符合要求的数据，补充不完整的数据。例如，根据实际情况删除可疑值、错误值、空值、超范围值、0、符号等，对于有小数点的数据，通常保留 2 位小数即可。对于缺失值，一般可用平均数、中位数或众数补充。

图3-2

（2）运算规则。

在进行数据运算时，有数据不符合运算规则就会出错，因此，在运算前必须先将这类数据处理为可以进行运算的数据。例如，对于文本数据、带符号的数据，在运算之前需要转换成能够进行运算的数据。不同数据的转换操作在后面章节中会详细讲解，这里就不介绍了。

> **提示**
>
> 不规范的数据不仅阅读起来比较困难，而且会影响运算。比如有的单元格应该输入数值型数据，结果输入了文本型数据，就会在运算时出错。

（3）应求规则。

在进行数据分析时，需要根据需求方的诉求来处理数据，有时只需要提取或截取数据中的部分数值或内容,比如提取文本数据中的前 4 位,或截取后 3 位、截取中间 5 位等。

2. 数据分类

在数据处理时,要根据需求对数据进行分类,比如按区域、市场、年龄、档次、规格、颜色等进行分类。在数据分析过程中必须进行数据分类,分类就是把具有关联特征的数据放在一起统计、分析。数据分类分为细分和再细分,比如,销售数据已经细分到区域,还可以再细分到门店,还可以再细分到经理,还可以再细分到销售人员,当然还可以再细分到性别、年龄等,此处就不赘述了。

3.1.4 数据分析

数据分析就是指使用工具(比如 Excel、Power BI、SPSS、Python 等)和科学的方法(比如方差、回归等)与技巧对处理好的数据进行分析,挖掘出数据的因果关系、内部联系、业务规律等,从而获得有价值的结论,为决策者提供参考。

数据分析过程一般包含方法选择、统计计算、数据呈现和分析结论 4 个步骤,如图 3-3 所示。

图3-3

1. 方法选择

数据分析方法有很多,如比较分析法、排序分析法、象限分析法、趋势分析法、雷达图分析法等,方法的选择以目标、结果为导向,根据具体的诉求进行。

例如,我们要从销售额、利润率这两个维度对数据进行筛选,获取销售额高、利润率高的商品进行促销,目的是进一步提高利润,那么我们就可以选用象限分析法进行筛选,如图 3-4 所示。

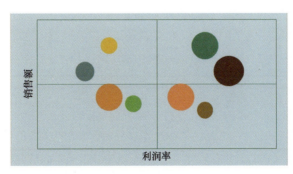

图3-4

再例如,需要预测销售数据,可以根据历史数据的演变做趋势分析,如图 3-5 所示。

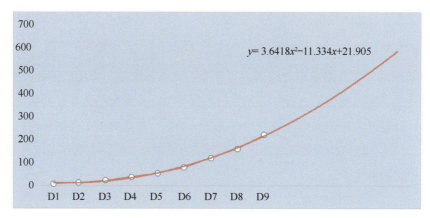

图3-5

数据分析方法的选择应根据应用场景和目的进行,适合的才是最好的!

2. 统计计算

可以使用Excel对数据进行统计计算,例如求和、求平均、计数、求同比、求环比、计算占比、求极值(最大值、最小值)、排序,以及进行回归(一元回归、多元回归)计算、相关系数计算等操作,统计计算的方法根据分析方法的要求来选择。

3. 数据呈现

数据呈现的方式有两种,一种是表格(矩阵式),另一种是图表。为了更好、更快地使受众接收分析人员要表达的信息,通常选择可视化图表。

类别	X	Y
数据1	100	50
数据2	80	40
数据3	60	40
数据4	50	15
数据5	20	5
数据6	10	3

图3-6

图表是数据呈现的必然方式,它可以节约时间、提高沟通效率,大大降低时间成本。在图3-6所示的X、Y两列中,我们很难看出这两列数据的逻辑关系,但是我们把这些数据采用图表的方式呈现出来,效果就不一样了,两列数据的逻辑关系非常直观,如图3-7所示。

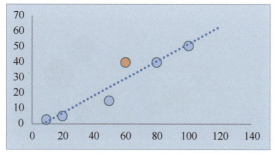

图3-7

4. 分析结论

没有结论的数据分析就是半成品。很多数据分析人员落入了分析的怪圈,错误地把统计计算结果或数据呈现的图表作为分析结论。

分析结论是要在统计计算结果、数据呈现图表的基础上提炼结论、观点，必要时可以给出自己的建议。我们做汇报不能只展示统计结果，等着受众自己得出结论，"数据都在这里了，你们看怎么办"，这样的行为就是"甩锅"，是不负责任的，这种行为背后通常意味着我们对本岗位的工作缺乏思考。

在得出分析结论后，就可以根据分析结论撰写报告了。

3.1.5 撰写报告

撰写报告是一个重要步骤，是对整个数据分析的总结。通过分析报告，数据分析人员把数据分析的目的、过程、结果与方案建议完整地呈现出来，以供决策者决策参考。

如果这个步骤做得不好，之前的功夫就会白费。因此，分析报告应具备数据翔实、条理清晰、分析到位等特点，具备这些特点的报告才有说服力。分析报告一般分为例行报告和临时报告两种，这两种报告各有特点。

1. 例行报告

例行报告需要体现分析的逻辑和报告的完整性，因此往往采用总分式结构，最后给出建议。

① 总体概述：整体情况描述，给出整体的结论。
② 版块分析：分版块细说，用表格或图表呈现数据。
③ 分析结论：对数据结果进行定论。
④ 相关建议：包括解决方案（Project）、预定目标（Target）、实施对象（Object）、实施时间（Time）等。

2. 临时报告

撰写临时报告通常比较紧迫，需要快速进行数据分析，受众对分析结果的关注往往比较急切，因此要结论先行，然后给出问题建议。

结论先行：用图表、文字描述等说明问题和结论。

问题建议：与例行报告一样，包括解决方案、预定目标、实施对象、实施时间等。

3.2 【案例】商务活动前期的数据分析

在商务活动前期做商务数据分析，很多时候都没有现成的数据。我们都知道商务数据有很多是机密数据，但这并不代表没有进行商务数据分析的机会。我们来看一个案例。

某公司要开发一款新能源汽车，由于公司以前从未涉及这个领域，公司领导要求商品企划部的负责人小李在一周内交出一份新能源汽车的市场分析报告，主要内容是分析商务政策以及商务费用。

刚接到任务时，小李傻眼了，不知道该怎么做。对商品企划部的其他人来说，这也是一个全新的领域，况且目前新能源汽车品牌较多，车型也多，他们也不知道如何确定对标产品。如果去购买商务数据，费用怎么花不知道，并且第三方也没有这方面的数据。如果走访4S店，时间上来不及。

针对这些问题，同事们集思广益，经过多次讨论和交流，大家统一了认知：有些数据是公开的，可以免费获取；有些数据只要支付一定的费用也可以获取；有些数据只能通过调研获取；保密的数据只有尝试通过"爬虫"来获取，即在互联网上使用"爬虫"程序抓取信息，从抓取信息中找数据。有了明确的思路，就可以按照商务数据分析的流程来开展具体的工作了。

（1）第一步：明确目的。

在该案例中，进行数据分析时应首先确定竞争对手以及对标产品，这样才能进行下一步的数据收集工作。通过收集的数据估算商务费用，按照商务费用的标准可以得知商务费用的比例，只要计算出竞争对手商务费用的区间就可以了。

在这里，要介绍一些关于商务费用计算方面的知识。

$$BE\% = 商务费用率 = 商务费用 / 销售指导价 = BE/MSRP$$

$$BE = 商务费用 = 变动商务费用 + 固定商务费用 = VBE + FBE$$

$$VBE\% = 变动商务费用率 = 变动商务费用 / 销售指导价 = (影响价格的变动商务费用 + 不影响价格的变动商务费用) / 销售指导价$$

$$VBE1\% = 影响价格的变动商务费用率 = 影响价格的变动商务费用 / 销售指导价$$

$$VBE2\% = 不影响价格的变动商务费用率 = 不影响价格的变动商务费用 / 销售指导价$$

$$FBE\% = 固定商务费用率 = 固定商务费用 / 销售指导价$$

> **提示**
>
> 变动商务费用分为影响价格的变动商务费用和不影响价格的变动商务费用。影响价格的变动商务费用是由企业自定的，例如厂家销售指导价为10元，影响价格的变动商务费用为2元，也就是说客户支付的价格（成交价）是8元，厂家可以获得8元。假如不影响价格的变动商务费用为1元，也就是可以送出1元的增值附属品。客户还是以8元买走商品，但是可以获得1元的增值附属品。厂家最后实际得到的收入是7元，但对于市场而言，该商品的价格是8元，从市场角度来看，该商品稳住了销售价格。

（2）第二步：数据收集。

可以尝试用网络"爬虫"爬取相关数据，即从各大竞争对手的官方网站收集商务数据，收集的数据没有经过转化处理，一般很难直接看出其价格和商务费用，而且竞争对手的数据表现形式各不相同，故需要经过处理才能变成我们想要的数据。

（3）第三步：数据处理。

数据处理主要做以下两个方面的工作。

① 数据分类：将商务政策分类，如图3-8所示。

② 数据修订：对不规范、不完善、不标准、不正确的数据进行修订，因此，对各项商务政策费用（单位：元）只能进行暂估，如图3-9所示。

序号	商务政策	商务政策说明
1	充电桩支持	免费送充电桩安装
2	置换政策	增购或换购给予补贴
3	金融政策	2年0息或12期0息等
4	充电免费	终身免费充电或到店免费充电等
5	三电质保免费	终身免费三电质保
6	车联网服务免费	6GB/月流量终身免费送或2年免费车机流量等
7	道路救援终身免费	终身免费道路救援
8	保养	免费送基础保养或终身免费保养等
9	其他服务	代客充电上门取车、提供代步车等服务

图3-8

序号	费用项目	DZ	SQ	BY	GQ	LP
1	官方指导价/元	19.98万~27.28万	13.98万~15.38万	20.98万~27.95万	17.26万~23.96万	15.98万~19.98万
2	充电桩支持	4,000	4,000	3,000	3,000	4,000
3	置换政策	4,000	6,000	12,000	6,000	7,000
4	金融政策	10,000	10,000	8,000	10,000	5,000
5	充电免费	2,500		3,000	2,000	2,000
6	三电质保免费	3,000	3,000	3,000	3,000	3,000
7	车联网服务免费	1,500	1,000	900	2,000	1,500
8	道路救援终身免费	2,000		2,000	4,000	4,000
9	保养	1,200			120	120
11	其他服务	500		500	500	1,000
12	商务政策费用合计	28,700	24,000	32,400	30,620	27,620

图3-9

（4）第四步：数据分析。

根据收集整理的相关数据，对商务政策费用（单位：元）进行简单的统计，计算商务政策费用率的最大值、最小值和平均值，如图3-10所示。

序号	相关数据	DZ	SQ	BY	GQ	LP
1	官方指导价/元	19.98万~27.28万	13.98万~15.38万	20.98万~27.95万	17.26万~23.96万	15.98万~19.98万
2	商务政策费用合计	28,700	24,000	32,400	30,620	27,620
3	商务政策费用率	11%~14%	16%~17%	12%~15%	13%~18%	14%~17%
4	最大值	14%	17%	15%	18%	17%
5	最小值	11%	16%	12%	13%	14%
6	平均值	12%	16%	14%	15%	16%
7	整体平均值	15%				

图3-10

（5）第五步：撰写报告。

这步就是将分析的结果形成报告以供决策层参考，在报告中不仅要给出分析的结论和建设性意见，而且还要尽量将数据用图3-11所示的图表进行呈现。报告要做到逻辑清晰、有理有据，用数据说话、用图表直观展示。

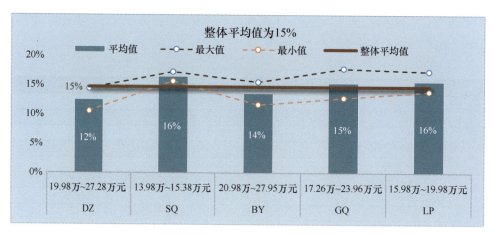

图3-11

第4章
市场数据调研分析

市场数据调研分析属于商品前期过程,也是决定商品投放是否成功的关键之一,如果调研维度不全,调研深度不够,分析不彻底,势必导致商品定位、设计出现偏差,进而导致商品投放失败。因为市场数据调研分析是商品研制的"龙头",所以如果第一步错,则后续步步错;第一步差之毫厘,则最后一步谬以千里。

4.1 市场数据调研分析的四大要素

市场数据调研分析的四大要素是指环境（Environment）、客户（Customer）、产品（Production）、场所（Spot），简称 SPCE，即每个单词的第一个字母的组合，其包含的主要内容如图 4-1 所示。

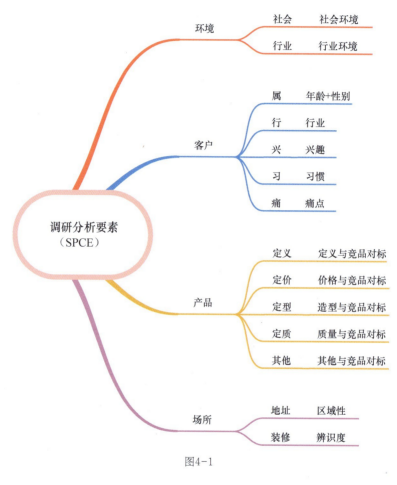

图4-1

SPCE 是市场数据调研分析的重要组成部分，其具体内容如下。

首先，环境研究是一个非常重要的环节。对于任何企业或者个人来说，无论在什么行业，通常都要先了解社会环境，研究所处行业的大环境，这个行业处在"蓝海"市场还是"红海"市场。对环境的研究有利于我们对行业进行准确的定位，进而确定投资方向。

其次，对客户和产品进行研究。研究客户就是对客户画像，对客户的兴趣、行业、性别、年龄、习惯，以及痛点等进行分析；研究产品主要包括研究产品的市场容量、定价、竞争对手、变动差异和变动率等。

最后，对场所进行研究，即研究产品的区域性和产品的辨识度等细节内容，比如，酒类、食品几乎都具有区域性和地方特色辨识度。

总之，通过对 SPCE 的研究，可以建立一套属于自己的调研数据分析模型体系，从而快速、高效、精准地找到适合企业或个人投资的产品或服务。

4.2 经济环境数据分析

经济环境数据分析主要包括宏观经济数据分析、行业数据分析。下面详细介绍这两方面的内容。

4.2.1 宏观经济数据分析

一家企业要想健康发展，必须有正确的决策作为指导，决策失误会导致企业遭受损失。进行宏观决策，需要考虑宏观经济环境，如经济、文化、习俗，以及区域政策等因素的影响，决策应该根据这些因素的变化而调整。

宏观经济数据分析通常可以使用趋势分析法和相关系数法来进行，下面分别介绍两种分析方法的应用。

1. 使用趋势分析法分析宏观经济数据

只要有轨迹，就有趋势，就可以做预测。如果把人的行为、国家的政策都数据化，那么就可以对其做预测。值得注意的是，预测结果不是必然事件，而是大概率事件。可以从以下3个方面来分析宏观经济的趋势。

（1）政策分析举例。

国家对环境保护十分重视，会出台各种政策保护环境。企业的产品开发应该向环保方向发展，如果还是大力投资高排放、高能耗的行业，就没有良好的发展前景，也不被市场看好，不被客户接受。

（2）偏好分析举例。

现在的年轻人非常注重享受生活，彰显自我。如果企业在产品设计或造型方面没有创新，那么很难被年轻客户接纳，被市场认可，产品自然也不会畅销。

（3）购买能力分析举例。

GDP（Gross Domestic Product，国内生产总值）是衡量经济常用的指标之一。人均 GDP 则是衡量消费者购买能力的指标之一，人均 GDP 上升，居民收入水平通常也会提高，也就会促进消费升级，此时人们追求的不是拥有，而是好或更好。

图 4-2 所示为我国 1960—2021 年的 GDP 总量变化趋势，可以看到 GDP 总量从 1998 年左右开始明显增加，2008 年后开始大幅提升，回归公式显示 R^2 为 0.99，说明拟合度非常高，也就是用来进行预测的可信度非常高。

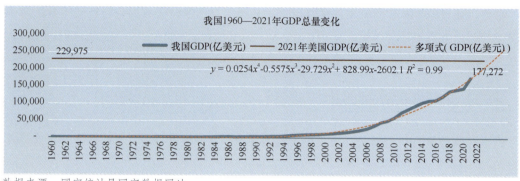

数据来源：国家统计局国家数据网站。

图4-2

另外，从人均 GDP 数据分析，2021 年我国人均 GDP 为 81370 元，按当年的平均汇率计算，达到 12613 美元，已经超过了预测的 2022 年的数据。美国 2021 年人均 GDP 约为 6.94 万美元，按照目前的增长趋势，我国老百姓的"钱袋子"会越来越鼓，而且有很大的增长空间。

2. 使用相关系数法分析宏观经济数据

很多事物间往往具有相关性，关键看是否找到了相关因子。关注国家经济指标，主要关注对行业、企业具有影响的指标，比如，关注影响产品销量、价格、结构、成本等的相关指标，因为这些指标最终影响的是企业的利润。

一个国家的经济状况，可以通过 GDP 增长率、失业率、利率、CPI（Consumer Price Index，消费价格指数）、PPI（Producer Price Index，生产价格指数）、PMI（Purchasing Manager Index，采购经理指数）等指标综合评估。那么如何从 GDP 数据预测我们产品的销量呢？下面以房地产、汽车行业为例，分析行业数据与国家整体数据的相关性。

先来看看 2001—2021 年我国商品房销售价格、汽车销售量、M1 供应量、M2 供应量与 GDP 总量的数据列表，如表 4-1 所示。

表 4-1

年份	商品房销售价格 /元·m^{-2}	汽车销售量 /万台	M1 供应量 /亿元	M2 供应量 /亿元	GDP 总量 /亿元
2001 年	2,170	236	59,872	158,301	110,863
2002 年	2,250	325	70,882	185,007	121,717
2003 年	2,359	439	84,119	221,222	137,422
2004 年	2,778	507	95,970	253,207	161,840
2005 年	3,167	576	107,278	298,755	187,318
2006 年	3,366	722	126,028	345,577	219,438
2007 年	3,863	879	152,519	403,401	270,092
2008 年	3,800	938	166,217	475,166	319,244
2009 年	4,681	1,364	221,445	610,224	348,517
2010 年	5,032	1,806	266,621	725,851	412,119
2011 年	5,357	1,851	289,847	851,590	487,940
2012 年	5,790	1,931	308,664	974,148	538,580
2013 年	6,237	2,198	337,291	1,106,524	592,963

续表

年份	商品房销售价格 /元·m⁻²	汽车销售量 /万台	M1 供应量 /亿元	M2 供应量 /亿元	GDP 总量 /亿元
2014 年	6,324	2,349	348,056	1,228,374	643,563
2015 年	6,793	2,460	400,953	1,392,278	688,858
2016 年	7,476	2,802	486,557	1,550,066	746,395
2017 年	7,892	2,901	543,790	1,690,235	832,035
2018 年	8,726	2,808	551,685	1,826,744	919,281
2019 年	9,310	2,576	576,009	1,986,488	986,515
2020 年	9,860	1,929	625,580	2,186,795	1,013,567
2021 年	10,139	2,627	647,443	2,382,899	1,149,237

根据相关系数法分析（后续章节会讲解具体操作方法），可以得出商品房销售价格、汽车销售量、M1 供应量、M2 供应量与 GDP 总量的相关系数数据列表，如表 4-2 所示。

表 4-2

	商品房销售价格	汽车销售量	M1 供应量	M2 供应量	GDP 总量
商品房销售价格	1.00				
汽车销售量	0.90	1.00			
M1 供应量	0.99	0.91	1.00		
M2 供应量	0.99	0.89	0.99	1.00	
GDP 总量	1.00	0.90	0.99	1.00	1.00

从表 4-2 可以看出，商品房销售价格与 M1、M2 供应量以及 GDP 总量相关性非常高，相关系数为 0.99 和 1，可以理解为 100%，也就是高度正相关，同时也可以看出汽车销售量与 GDP 总量的相关系数也非常高。

下面使用图来展示。从相关性来看，商品房销售价格趋势与 GDP 总量趋势几乎是一样的，如图 4-3 所示。另外，商品房销售价格与 M2 供应量的相关系数为 0.99，说明商品房销售价格与 M2 供应量高度正相关，其相关性的趋势如图 4-4 所示。也可以这么理解，M2 供应量增加，则商品房销售价格大概率会上升；商品房销售价格上升，GDP 总量大概率也会增加。

图 4-3

图4-4

下面再看看汽车行业与GDP总量的相关性,从图4-5所示可知,汽车销售量与GDP总量的相关系数为0.9,说明GDP总量上升,汽车销售量大概率也会上升。

图4-5

要研究行业数据与宏观经济数据的关系,就要学会动手整理和分析数据,计算相关系数,从而使企业的经营方针与国家的经济政策呼应,让企业保持活力与健康。

> **< 提示**
>
> 不同的行业有不同的需求,关注的宏观经济数据也有所不同。可以分析宏观经济数据对自己所处行业的影响,还可以分析政策对行业、企业的影响,以及企业与经济政策的相关性。分析层面和分析维度如图4-6所示。
>
> | 分析层面 | 分析维度 |
> | --- | --- |
> | 国家层面 | PMI对经济、对产业的影响
投资、消费等数据对产业的影响
CPI、PPI、PMI对利率的影响 |
> | 地方政府层面 | 当地GDP、投资等数据对经济的影响
地方补贴、地方特色经济变化等对企业的影响 |
>
> 图4-6
>
> 从这些层面、维度进行分析,就可以对国家和地方的经济数据及相关政策变化有所了解,这样可以在一定程度上发现机会、规避风险。
>
> 【思考问答】
> 你所处的行业是什么?
> 你的行业与什么宏观经济数据强相关?

4.2.2 行业数据分析与应对策略

行业数据分析主要分析行业总量、行业增速,一般情况下从单维度来分析,要么分析行业总量,比如汽车销售总量为200万台;要么分析行业增速,如今年只增长了3%,明年预计持平。如果我们把行业总量与行业增速这两个维度放在一起分析,就可看出整个行业的竞争态势,行业属于"红海"还是"蓝海",然后进行方向性的决策。

将两个维度放在一起分析可使用象限分析法,如图4-7所示。

基于一个维度的分析思路没有办法全面了解行业的情况。例如,一个行业的增速高,我们就可以大力投资吗?答案是否定的,我们还要看行业总量。如果行业总量比较小,行业增速再高行业总量也还是"小",因为基数本身就小。同理,如果行业总量大,就可以大力投资吗?答案也是否定的。因为行业容量大而增速低,往往意味着市场趋于饱和且竞争激烈。

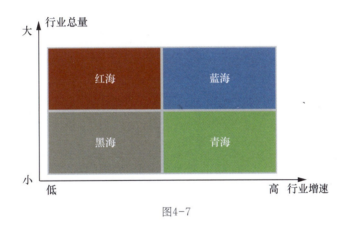

图4-7

不同行业的数据分析是不一样的,我们在分析的时候,要把行业总量、行业增速等数据进行罗列,然后展开分析。值得注意的是,在数据分析时要关注以下两个方面的问题。

行业处于大总量高增速,我们的策略是什么?

行业处于大总量低增速,我们的策略是什么?

【思考问答】

我们所在的行业处于哪种竞争态势?

我们的应对策略是什么?

4.3 用户数据分析

未来的服务是千人千面的,个性化的服务都需要基于对用户数据的理解和分析。要精准营销,就必须做好用户画像。用户画像就是整理用户信息的结果,目的是用数据来进行决策,而不是凭感觉。

1. 用户数据分析的作用

（1）事前个性定制：根据消费者属性数据，结合数据分析，可以做到精准设计和个性定制，而不是做琳琅满目的商品超市。

（2）事中精准营销：针对消费群体需求，可以精准投放商品、广告，达到精准营销的目的。

（3）事后涟漪效应：个性化+精准投放，满足个性需求，可以提升用户的满意度、回头率及推荐率。用户主动推荐往往意味着满意度高，也意味着用户具备了一定的忠诚度。

2. 用户数据分析的五大维度

用户的购买力不能只从收入来判断，购买力是由多个维度决定的，通常由"属""行""兴""习""痛"这五大维度决定。这里主要讲解"痛"这一维度。

（1）"属"维度分析。

"属"指个人属性，即用户身高、体重、年龄、性别、受教育程度、收入水平等。

（2）"行"维度分析。

"行"指行业属性，即用户所从事的行业，例如医药、能源、教育等。

（3）"兴"维度分析。

"兴"指兴趣偏好，即摄影、运动、美食、美妆、服饰穿搭、旅游、学习等，此维度是最常见的，在分析中非常重要。

（4）"习"维度分析。

"习"指消费习惯，即指用户在长期消费实践中形成的对某些事物具有稳定性偏好的心理表现，如追求品牌、追求时尚、追求个性、追求价格、追求品质、听从推荐、随心随意、物超所值、控制预算等，因此，我们要抓住用户的消费习惯和消费心理。

（5）"痛"维度分析。

"痛"指用户的痛点，即用户因对产品或服务的期望与实际的产品或服务对比产生的落差而产生的一种"痛"；或者说是得不到充分满足而用户又迫切需要满足的需求。为痛点买单，用户通常不会先考虑值不值、贵不贵，只会先考虑能不能解决他们的痛点。因此，分析用户的痛点更容易把握消费者心理，这就需要对消费者的痛点做分析、研究。

例如，有的手机用户喜好拍风景，那么高像素、高清的摄像头必不可少；有的手机用户喜好自拍，那么前置摄像头的高清、美颜功能是必须要有的；有的手机用户业务繁忙，经常出差，需要长时间待机，那么大容量电池就必不可少。所以，我们做产品，需要挖掘用户痛点，根据用户的痛点做设计，做引领市场、适应市场发展的产品。痛点的挖掘、分析、解决和跟踪的过程如图4-8所示。

痛点来源于目标市场的明确对象，可以是现有用户，也可以是潜在用户。用户在购买产品往往会对商品进行较为全面的咨询，包括售前、使用、售后3个阶段的内容，部分举例如图4-9所示。

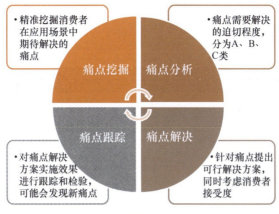

图4-8

图4-9

我们需要从用户的咨询中挖掘他们的痛点,用户最关心的问题就是痛点能否得到解决。挖掘痛点一定要精准,否则就可能事与愿违。比如,汽车的倒车影像和倒车雷达是不是都要有呢?有些汽车只有倒车影像,没有倒车雷达,就引起了不少用户的不满。因此,我们在挖掘痛点的过程中要考虑周全。如果消费者在购买后发现产品连一些基本功能都没有,那么就可能要求退货、换货,甚至在网上给出差评,从而带来麻烦。消费会用"脚"投票,所以基本不会再次购买。

(1)售前。

考虑到顾客的购买过程、购买时的心理活动,我们必须保证售前环节是令人舒适的,否则可能会出现顾客本来打算下单购买,结果因售前服务不好而放弃购买的情况出现。例如,一位顾客在买车时已经支付定金,后来得知这款车有升级版,便要求更换为升级版,但公司不同意,用户可能就一气之下退订单了。这个例子告诉我们,好的产品还需要有好的售前服务,售前服务就是入场券。

(2)使用。

痛点不是凭空想象或凭空推理得到的,而是来源于实际。痛点主要来源于目标用户、产品负责人,以及相关的销售人员等。

痛点挖掘需要做好细节分析,要挖掘细节场景,必须进行使用过程的多场景、多维度挖掘。始终记住一点:以用户为中心,时刻关爱用户,从人、货、环境角度进行场景细分,系统性构建痛点场景数据库。以手机为例，使用过程中会有充电、使用、闲置三大场景，其细节与人、货、环境相关，具体场景挖掘如图4-10所示。

类型	充电		使用					闲置		
	过程提醒	开机解锁	电话	信息	娱乐	App	其他	静态	待机	携带
与人相关	完成预知 完成提醒 智能提醒	新手引导 自动定位	智能屏蔽 信号增强	诈骗提醒	疲劳提醒 智能推荐	天气提示 空气质量 运动提醒	流量提醒 人机互动 私密设置	手感很好	待机模式 智能闹钟	离人报警 救援定位
与货相关	耗电提示 进度可见 过充保护	多种解锁 自动重启 自动更新	语音拨号 语音接听 手势拒接	短信提醒 短信阅读 语音回复	耗电量低 音质完美	唤醒互动 语音命令 手势命令	设置方便 左右模式 自动亮度	外观时尚	自动开关 省电模式 耗电分析	尺寸合适
与环境相关	电柜提示		高铁信号 飞机信号 无信号	振动提示	强光模式	沿途风景	避免噪声 溺水信号	环境变色	低温续航	人流显示

图4-10

由此可见，一台小小的手机就可以挖掘出许多细分场景，可以对每个细分场景进行测试，以便发现问题，进行优化。如果我们做电视、计算机、空调、洗衣机、汽车、轮船、飞机等的场景挖掘，同样可以找到很多细分场景。

（3）售后。

售后也是用户痛点的主要来源之一。用户对产品或服务不可能100%满意，但是通过售后，我们不仅可以解决产品或服务出现的问题，而且可以发现产品或服务的不足之处。通过收集、整理用户使用产品或服务时出现的各种问题，然后筛选出大多数用户反映的典型问题，从而挖掘出用户的痛点。这对我们进行产品或服务的改款或升级同样有很大的帮助。

需要注意的是，痛点是用户遇到的特定问题。为了深入了解用户痛点，我们往往需要设身处地地思考用户遇到的特定问题。因此，我们可能会发现有些功能并不是必须要加在产品上的，因为这些功能其他常用产品也具备。比如汽车的车载导航功能，现在手机的导航功能很强大，数据更新快且实时，因此是否给汽车安装一台车载导航是要考虑的，也就不必将没有车载导航功能作为痛点了。

挖掘出用户的痛点之后，就要对这些痛点逐一进行分析，以便后期逐一解决。

痛点的挖掘可以从以下方面出发。

- 用户痛点：从用户或潜在用户的行为、需求出发。
- 产品痛点：从产品的性能、质量、服务出发。
- 对手痛点：从竞争对手的优势、不足等出发。
- 渠道痛点：从渠道的组织、服务、政策等出发。
- 品牌痛点：从品牌的定位、形象、推广等出发。

另外，痛点挖掘要以数据为基础，要从数据中挖掘更多的趋势和规律，找到痛点产生的根源。

【思考问答】

我们的客户画像是从哪些维度进行的？是否可以改善？

我们知道客户的哪些痛点？

我们解决客户痛点的方策有哪些？

4.4 商品数据分析

对于商品数据，我们主要从商品的定义、定位、定型、定价、定质等 12 个维度来分析。在分析过程中还要特别关注竞品的情况，只要做好这 12 个维度的分析，只要比竞争对手"做得好一点"，就有机会成功。只要能找出与竞品的差异，并对商品进行有针对的优化、改善、创新，就大概率比竞争对手销量高。

有这么一句话：市场再冷淡，也有做得好的；市场再火爆，也有做得不好的。关于商品的投放、定价、营销策略，以及后期数据分析等内容将后续章节进行详细讲解。

4.5 场地数据分析

场地数据分析是市场数据调研分析不可缺少的环节。场地是指商品直达 C 端（用户）的场所，可以是实体店，也可以是虚拟的线上网店。好的场地有助于商品更好、更快地销售。有人说"酒香不怕巷子深"，但是"好酒"无人品，最后还是自己的"好酒"，只有自己知道。

在电子商务发达的今天，线上交易已成为许多商家的首选。以实体店为主体的传统企业也已经做了线上、线下相结合的营销方式。这些企业在进行场地选择时可以先对线上、线下场地各自的优点和缺点进行多角度对比，然后做出合理的选择。

场地对比的具体内容如下。

线下：有什么好处？有什么优势？有什么不足？

线上：有什么好处？有什么优势？有什么不足？

门店：在哪个城市？在哪个区域？费用是多少？

城市：选择一线城市、二线城市还是三线城市？具体选择北京、上海，还是杭州、成都，还是贵阳、南宁？

区域：在市区还是郊区？

费用：租赁门店还是购买门店？

平台：在哪个平台做？是否需要导流和推送？平台的活跃数据如何？费用是多少？

1. 选择城市

要研究候选城市的用户购买力。比如，在省会城市，手机的商品价格区间定位在 4500～5500 元，然后将这个区间与主要交易价格区间进行对比，就可以得出结论。再比如，我们做的是化妆品，用户年龄定位在 15～40 岁，那就要对定位人群进行样本采集，并评估购买能力、用户偏好等。

2. 选择区域

区域选择主要与客流有关。例如，小吃店一般在步行街、地铁口、火车站等附近，或者在学校、小区、商场、超市附近，因为这些区域人员比较密集。服装店一般选择在大商场附近、大超市附近，因为服装店的商品往往比大商场的便宜，比大超市的有品质，可以借用商超的人群效应。

3. 场地装修

品牌店、形象店一定要装修得具有辨识度，使用户一看就知道是什么门店，并且很容易记住。线下店装修需要标准化，包括logo、名称、字体、字号都要有一定的标准。线上店装修的图片、风格、配色等也要形成标准，如果今天一种颜色，明天一种颜色，往往会让用户觉得品牌总是变化，可能会给用户不稳定的感觉，导致用户"漂移"。看看做得比较好的品牌或行业，例如KFC，当你一看到这3个英文字母时就会联想到肯德基，也会联想到他们的服务、装修风格，以及用餐场景。还有很多汽车4S店、品牌服装店，它们的装修都很个性化，包括干净的大厅、醒目的logo、着正装的服务员，以及有特色的服务等，具有很高的辨识度。

第 5 章
商品预投放分析与策略

在商品上市之前,除了做调研工作之外,还要做大量的预投放工作,包括为商品定名、定位、定型、定价等,通常称为"12定1标",或"121定论"。

商品预投放 12 定 1 标（121 定论）的具体内容见表 5-1。

表 5-1 商品预投放 12 定 1 标（121 定论）

类型	项目	具体含义	英文名称
外部	定名	商品的名字	Name
	定位	商品的档次和使命	Position
	定义	功能+配置，确定特点及适用场景等	Definition
	定型	外形+尺寸	Size
	定人	要把商品卖给谁	Customer
	定质	确定质量等级	Quality
	定价	根据竞品、市场环境等因素确定价格	Price
	定量	预期销量是多少	Volume
	定时	控制好商品节点时间和把握投放窗口期	Time
	定点	选择合适的生产和投放区域	Location
内部	定本	完成投放所需的成本	Cost
	定投	需要进行哪些投资，需要多少费用	Investment

请带着以下关于自己的产品的问题阅读本章内容。

+ 有什么功能和特点？
+ 是什么档次？
+ 要卖给谁？
+ 价格是多少？
+ 什么时间卖？
+ 与竞争对手相比，优势是什么？

如果在商品投放前，以上的问题没有得到解决，那么本次投放很有可能就是"盲投"。如果对商品的档次、配置、价格等都没有做分析、对标，那就是"盲定"，在信息时代，盲定一般是难以获得成功的。因此，做好商品预投放工作是非常有必要的。

5.1 定名：抢占客户认知

如果想要命名一件商品，那么使用一个响亮的、容易被接受和记住的名字是至关重要的。这个名字应该符合商品的调性，甚至可以自带流量，不需要做广告就能被客户接受。

好的名字是容易被记住的。好的名字不需要做广告，也不需要定义，甚至自带流量，抢占客户的认知。例如神龙汽车有限公司在 2021 年推出一款名字为"凡尔赛"的汽车，这个名字自带流量，因为它会让人想起之前的网络热词"凡尔赛"。有些名字还具有寓意，例如"淘宝"会让人想到去市集淘东西；"饿了么"会让人想到吃饭；"拼多多"会让人想到一起团购；"农夫山泉"会让人联想到一种没有污染的、纯净的感觉。这些名字都很容易让人有代入感。

如果一个名字本身没有显而易见的意义，那么我们可以在名字后面加入理念或愿景，或者对定位的描述，这样可以让名字更有意义。例如"王老吉"，单听起来没有什么特别的意义，但是当它加入了理念"怕上火就喝王老吉"时，就可以定位到"怕上火"的人群。此外，有些名字可以与商品使用场景联系起来"灌输"给客户，以抢占客户的认知，例如"今年过节不收礼，收礼只收脑白金"这个广告，就很容易让人在选择过节礼物时想起脑白金。

5.2 定位：确定商品的档次和使命

商品定位是确定商品的档次和使命的过程。档次通常包括高级、中级、低级等级别。使命是企业为商品所设定的目标，例如抢占某一个市场、获得期望的收益等。

商品定位要站在企业的角度来看，定位的过程也是企业通过商品在消费者心目中的形象来体现企业的理念和品牌的过程。

5.2.1 什么是商品定位

商品定位要根据目标消费者和企业实际情况，动态分析和确定商品的位置，这里的商品既包括实体商品，也包括服务。

商品定位既是企业决策者对市场进行分析、判断的结果，也是企业经营理念的体现，还是商品在消费者心目中的形象体现。

> **提示**
>
> 例如，汽车的定位可以是 B 级 SUV 或 C 级轿车；手机的 Pro 版、Plus 版与其基础版有一定的区别；毛巾的定位可以是高档酒店专用、经济型酒店专用或家用。定位不一样，对应的消费群体也不一样。

5.2.2 为什么要做商品定位

不做商品定位，就会存在"想当然"的情况，也就是所谓的"盲投"——为了投放商品而投放商品，这样很难收获好结果。合适的商品定位，犹如一道佳肴，主料、配料、烹饪技法等都很好。

商品定位十分重要。商品定位过程中企业可以准确了解目标市场的需求，从而制定有针对性的营销策略。盲投商品则会导致企业浪费大量的资源，甚至一无所获。所以，要在进行营销活动前认真研究商品定位，才能更好地把握市场机会，达到营销的最终目的。

5.2.3 商品定位策略

商品定位策略，通俗地说就是"产所需，需所产"。投放商品是基于市场的需要、企业发展的需要，是"双需要"结合的结果。

从市场端来看，思考定位策略主要看销量、价格、服务等维度；从企业端来看，则主要看销量、价格、利润等维度。不管是市场端还是企业端，都同时关注销量和价格，我们用"●"表示；市场端关注服务，企业端关注利润，都是单方面关注，我们用"○"表示。如表 5-2 所示。

表 5-2

行为主体	维度			
	销量	价格	服务	利润
市场端	●	●	○	
企业端	●	●		○

- ✦ 销量：销量是由市场端和产品端决定的，从市场端看是否有空缺、刚需；从产品端看是否有潜力，有潜力的好产品会激发市场欲望。
- ✦ 价格：由供需关系决定，如果供不应求，可以涨价；如果供过于求，只能降价，但这是商品实际投放后的情况。当我们做商品预投放研究的时候还不能确定商品未来销量，并且商品投放准备期因商品生产周期的不同而不同，有些研究 3 年才投放，有些研究 5～6 个月就可以投放。因此，需要进行价格定位规划。
- ✦ 利润：取决于价格与成本控制能力。成本控制是内功，需要由企业内部研究。市场端关注的是价格，根本不关注产品是否有利润，因此定位时通常应先抛开利润这个维度。
- ✦ 服务：在企业端取决于价格，是成本的一部分，投入更多服务就会使成本上升，因此服务与价格也有一定相关性。

从表 5-2 中可以看到，"销量"和"价格"两个维度是市场端与企业端共同关心的。所以，我们只要用销量和价格作为商品定位的维度，就会和市场端有较高的契合度。

5.2.4 商品定位步骤

商品定位一般有 3 个步骤。首先要在市场中寻找机会，也就是前面提到的从市场端看是否有空缺、刚需；其次要确定市场端定位；最后确定企业端定位。

1. 在市场中寻找机会

首先，我们应该对行业历史数据进行梳理，通过数据分析找出机会。找到了市场空缺，往往就意味着找到了机会。图 5-1 所示为某企业做的汽车市场价格与销量分析。

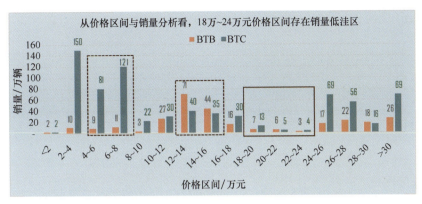

图5-1

从图 5-1 中可以看到，18 万～24 万元价格区间存在销量低洼区，这就是机会。在这个区间投放商品，成功率就比较高，投放的商品往往能成为"明星商品"。

从图 5-1 中还可以看到，4 万～8 万元以及 12 万～16 万元这两个区间有刚需存在，这块市场可能是"红海"市场，但通过差异化、个性化设计等方法，我们还是有可能从市场中分得一杯羹。在此区间投放的商品也有可能是我们的"走量商品"。

2. 确定市场端定位

市场端定位的前提是品牌定位。品牌定位高端，那么商品就不会便宜；品牌定位低端，那么商品就不会昂贵。商品定位就是品牌定位的补充，商品定位更加细化，细化到商品本身。

一般来说，市场端定位的两个维度是档次与销量，其中档次可视的价格的另一种表现形式。我们可以将档次（价格）作为纵坐标，将销量作为横坐标，形成第一种定位图，如图 5-2 所示。

从图 5-2 可以看到，我们的商品定位是高端，主要竞品是市场现有的 A 和 C 两种商品。其实，商品的定位过程也是与竞品对标的过程。

当然，也可以将档次（价格）作为横坐标，将销量作为纵坐标，形成第二种定位图，如图 5-3 所示。

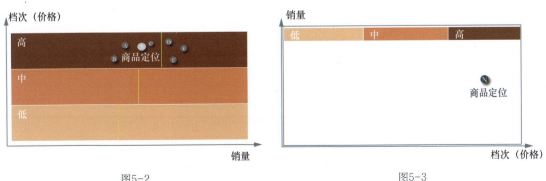

图5-2　　　　　　　　　　　图5-3

这两种定位图没有本质的区别，都可以用来做基于销量与档次的分析。

> **提示**
>
> 如果一个高端商品品牌突然开始投放低端产品，就可能会让品牌的定位产生混乱，让消费者觉得品牌定位不清晰，可能会使品牌的高端产品给消费者留下负面印象。因此，为品牌规划产品线时应该注意定位，避免定位差异过大损害品牌声誉。

3. 确定企业端定位

在企业端对产品进行定位，一般采用象限分析法，象限的两个坐标轴分别代表销量与价格，如图5-4所示。

图5-4中各象限的商品含义如下。

- 个性商品：投放这类商品通常不是为了赚钱、走量，而是为了体现个性化，它们通常外形可爱、服务非常有特点等，可以起到"引流"的作用。

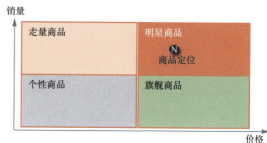

图5-4

- 走量商品：用来追求销量和市场占有率，价格定位相对较低。
- 明星商品：投放这类商品既追求销量，又追求价格。
- 旗舰商品：用来树立品牌高端形象，价格高，其销量没有太高要求。

当然，商品定位的目的可以是抢占全新市场，也可以是替代现有商品，保证现有市场占有率。如果之前在某个定位区间没有商品，那么进入这个定位区间就是抢占全新市场；如果之前在该定位区间已经有商品，之后采用更新换代的方式来替代原有产品，也是一种常见的做法。

> **提示**
>
> 商品定位不一定局限于以上4个象限，我们还可以进行更加灵活的划分，如图5-5所示。商品定位的关键还是基于企业的战略，以及企业对商品的期待，即商品的使命。

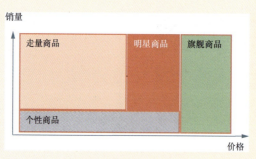

图5-5

5.3 定型：确定商品的外形和尺寸

外形和尺寸可以影响消费者对商品的感知，包括商品的价值、质量、用途等，这些决定了商品对消费者的吸引力。因此，外形和尺寸是商品的重要因素。另外，外形和尺寸可以帮助消费者区分同类商品。在竞争激烈的市场中，合理地确定商品的外形和尺寸是立足市场、吸引消费者、促进销售的重要手段。要合理地确定商品的外形和尺寸，就需要做好商品定型工作。

5.3.1 什么是商品定型

商品定型就是确定商品的各项外在属性，如形状、结构、颜色、材质、尺寸等。这些属性决定了商品的视觉效果，就像人的身高、体重、三围及着装一样。

对于复杂的商品而言，定型通常只是对商品进行大体的构思，具体的内部设计与零部件设计，还需要更多的工作来完成。汽车、手机、计算机等就是此类复杂的商品，它们在设计的后期还有可能改变定型。

有些简单的商品的定型基本不会有较大的变更，对尺寸要求也不是非常苛刻。这种商品的外在特性一般在定型后就基本确定了，如铅笔、玻璃杯、毛巾等。

5.3.2 为什么要做商品定型

商品定型的目的是使商品的开发、生产、销售、售后服务等活动能够更加高效、有序地进行。商品定型的过程中，企业可以更好地了解目标市场的需求，从而制订相应的营销策略。

5.3.3 商品定型策略

商品定型就是确定商品的部分外在属性说明如下。
- 尺寸：长、宽、高。
- 面积：长和宽、长和高、宽和高的乘积。
- 空间：即体积，长、宽、高的乘积，有时候不是单纯的长、宽、高乘积，还包括其他部件的设计布局、占位等。有效利用空间也不是单纯地看体积，还要看除去产品本身所占空间以外，可以被客户利用的空间有多少，比如汽车的内部，就涉及关于有效利用空间的问题。

需要说明的是，商品定型中的尺寸是指大概尺寸，不是精准尺寸，精准尺寸是在设计过程中确定的。

1. 定尺对标

在确定尺寸的过程中，还需要进行对标，即"定尺对标"，也就是与竞品在尺寸上进行对标。比如计划为一款汽车，开发 Pro 版与 Plus 版，可以将它们的尺寸列出并与竞品对比，并将对比结果绘制成图表，如图 5-6 所示。

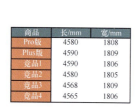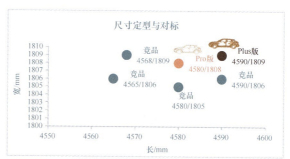

图5-6

> **提示**
>
> 可以按长和宽、长和高进行组合定型，也可以按长、宽、高 3 个维度组合定型。

2. 形象对标

形象对标是指将自己产品的形象与竞争对手产品的形象进行对比，以确定自己产品的优劣势，找到与竞争对手产品的差异。这样可以帮助企业在市场中找到定位，为产品设定更好的特色和卖点。

这里仍然以汽车研发为例，企业为 Pro 版和 Plus 版的汽车设定了时尚、运动、宽敞等 9 个维度的指标，并与其他 4 个竞品进行了对标，结果如图 5-7 所示。

商品	时尚	运动	宽敞	舒适	大气	轻便	灵动	安全	年轻
Pro版	4.0	3.5	4.8	4.5	4.0	3.0	3.8	4.0	4.0
Plus版	4.9	5.0	2.3	3.0	2.0	4.0	4.5	3.0	5.0
竞品1	2.0	3.6	4.1	2.2	2.5	4.6	3.6	2.4	4.9
竞品2	3.0	3.4	2.4	4.0	4.6	4.4	4.7	2.7	4.7
竞品3	4.9	3.5	3.3	4.8	2.5	4.1	3.7	4.6	4.5
竞品4	4.5	2.8	5.0	3.8	3.3	2.0	4.9	2.6	4.5

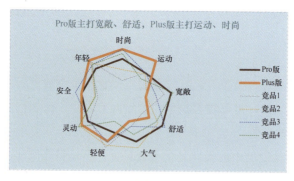

图5-7

通过形象对标，企业可以确定产品面向的消费群体。形象对标还有助于企业在开发新产品时，更好地分析市场需求和消费者偏好，从而提高新产品的成功率。

3. 调性对标

在商品定型过程中，往往会考虑整体外观、风格、色彩等调性，还会从成本角度出发，提出哪些部分的造型可以沿用以前的，这样可以降低研发成本，同时可以降低制造模具的成本。比如一款台灯的按钮造型很好，深受消费者欢迎，那么这个按钮造型就可以保留到新产品中，从而节省新品的成本。也可沿用之前款式的颜色搭配，消费者一眼就识别出这个配色风格的商品是什么品牌的。再比如，原本的商品风格就是展现"圆"的，如果突然投放一款商品的风格是"方"的，很容易让消费者觉得有点不伦不类，甚至觉得品牌未保持原汁原味。

因此，保持企业品牌调性不变，让消费者更容易识别企业的商品，能够为企业带来品牌认知度的提升。

> **提示**
> 调性策略并不是一味地沿用，企业也需要注意保证商品的新颖度和吸引力，使商品能够更好地满足消费者的需求，并跟上时代的潮流。

5.4 定义：确定商品功能和配置

在商品定型后，还需要对商品进行定义，也就是确定商品的功能和配置。商品的功能和配置对于定位消费者同样非常重要，也对生产成本提出了要求。

5.4.1 什么是商品定义

如前所述，商品定义就是确定商品功能和配置，换句话说就是确定商品具备的功能、配置等，这些要确定的内容代表商品的核心价值。

比如，企业准备研发一款雪地靴，可能就会对这款商品进行如下的定义。

- 保暖性：保暖雪地靴的核心功能，因为在寒冷的天气中，脚容易受寒。一双保暖性好的雪地靴能够有效保护脚不受寒冷的入侵。
- 防水性：雪地靴要具有很好的防水性，因为在冰雪天气中，雪地靴会不断接触冰雪，有可能造成脚趾被浸湿。一双具有很好防水性的雪地靴能够有效防止脚趾浸湿，保证脚的温暖和舒适。
- 防滑性：雪地靴要具有很好的防滑性，因为在冰雪天气中部分地面很滑。一双具有防滑的雪地靴能够有效防止脚在走路时滑动，从而保证安全。
- 舒适性：雪地靴要具有较好的舒适性，因为在寒冷的天气中，脚会感到特别不适，尤其是在雪地中行走时。因此舒适性较好的雪地靴能够使人在行走时感觉良好。

当消费者看到这款雪地靴的功能介绍时，就能够了解它的核心价值。

5.4.2 为什么要做商品定义

商品定义的目的是传递商品的核心价值，便于客户对商品进行评估与选择。如果没有商品定义，客户就没有办法知道商品的核心价值。没有核心价值的商品就好像完全漆黑的夜空，让人看不到任何亮点，感觉不到吸引力，也就没有购买欲。

同时，商品定义明确了商品的功能、配置、特点等信息，使研发人员更好地了解研发要求，使他们能够更加系统地有方向和依据地进行研发工作。

因此，无论是对内还是对外，商品定义都是非常重要的。

5.4.3 商品定义策略

商品定义主要有定档、定级和对标 3 个步骤，如图 5-8 所示。首先应确定商品配置能给消费者多少感知价值。所谓感知价值，就是消费者感觉某配置应该值多少钱，该价值称为 V 值（社会公允价值），是调研结果，这一步就是对商品进行定档。然后为不同档次的商品设定不同配置，高档商品配置更高级，以此类推，这就是定级。最后就是对标，即对竞品进行研究。

图5-8

这里仍然以汽车研发为例。

（1）定档，即定义商品配置。

在图 5-9 所示的图中，纵坐标表示商品档次，横坐标表示消费者感知价值。根据调研，将消费者感知价值在高、中、低 3 个商品档次中的重要性划分为 3 类——重度、轻度和选装。

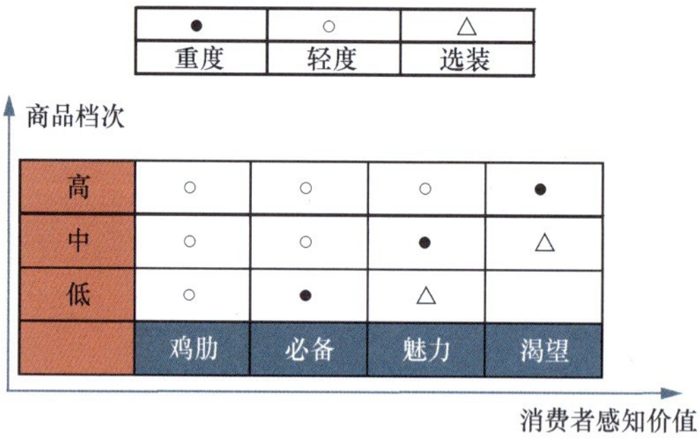

图5-9

图 5-9 中 4 种消费者感知价值的含义如下。

+ 鸡肋：指如果没有就容易被质疑，如果有也基本用不上的配置，比如汽车上的导航、外卖中的牙签。
+ 必备：当前市场中最普遍的、几乎是必须有的配置。如果没有该配置，很可能给消费者带来极大的不便，例如外卖中的筷子。
+ 魅力：使商品显得有档次，让商品与普通商品拉开距离的配置，比如汽车的天窗、电动座椅、按摩座椅、氛围灯等。

- 渴望：一般指消费者非常渴望拥有的配置，类似奢侈品或者能带来高度科技感的配置，拥有这类配置是身份的象征。比如顶级音响、高级奢侈品包，或汽车的智能人机互动、自动泊车、无人驾驶等。

定档完成以后，就很容易对配置进行取舍了。

（2）定级。确定基础版的配置，然后在其基础上增加配置，高级别商品的配置也可以有加有减，主要看配置组合是否符合目标消费者的需求。这类似饭店的套餐，25元的套餐与15元的套餐在质与量上都有所区别。汽车定级也是同样的情况，如表5-3所示，表中"●"表示对应的配置存在。

表 5-3

配置项目		N1级入门版	N2级经典版	N3级豪华版	N4级至尊版
基本参数	续航里程/km	690	790	890	990
	快充/h	0.5	0.5	0.5	0.5
车身尺寸	（长×宽×高）/mm	4880×1950×1500	4880×1950×1500	4880×1950×1500	4880×1950×1500
辅助操控	前后雷达	倒车雷达	倒车雷达+倒车影像	倒车雷达+倒车影像	倒车雷达+倒车影像
	辅助影像	模拟信号	360°全景影像	360°全景影像	360°全景影像
	驾驶辅助	自动泊车	自动泊车	自动泊车	自动驾驶
座椅配置	主/副座椅	PVC座椅	PVC座椅	真皮座椅	真皮座椅
安全装备	主/副气囊	●	●	●	●
	胎压显示	间接式	直接式	直接式	直接式
多媒体	语音识别	●	●	●	●
	面部识别			●	●
	音响（喇叭数量）/个	4	6	8	12（名牌）
灯光配置	车外灯光	LED大灯	LED大灯	LED大灯	LED大灯
	车内灯光			氛围灯	氛围灯

定级完成以后，商品的各个版本的差异就比较明显了，这对于研发与营销都是非常有帮助的。

（3）对标。因为不同的竞品配置不一样，所以我们应该在拉齐配置后做对标，以研判商品配置的竞争力，也就是站在消费者的角度来看，同样的配置哪家更划算。V值，也就是社会上大部分人认同的某类配置的价值，在评估的时候通常可以作为标准。

计算配置竞争力（Configuration Competitiveness，CC）的计算公式如下。

$$CC = \frac{P_1' - P_0}{P_1}$$

其中，P_1'表示拉齐配置后的价格，P_0表示竞品价格，P_1表示拉齐配置前的价格。

- 结果小于0，表示相同的配置价格更低，配置竞争力强。
- 结果大于0，表示相同的配置价格更高，配置竞争力弱。

一般来说,我们要先拉齐本品与竞品的配置,然后计算出总的价值。计算原理如图 5-10 所示。

(1) 我们看到的是单纯的本品、竞品的价格和差异,但是看不到为什么出现差异。
(2) 我们找出价格背后的配置价值的差异。
(3) 对齐价值差,也就是把对应的价值差通过价格对齐(增加或减少)。
(4) 评估对齐配置后的价格差异。

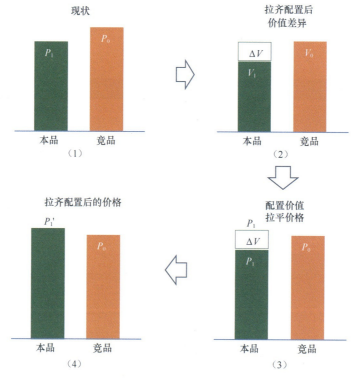

图5-10

这个过程可能不是很容易理解,我们用一个案例来解释。

假设本品销售价格是 800 元,竞品销售价格是 850 元,详细数据如表 5-4 所示。

表 5-4

		本品 P_1	竞品 P_0
销售价格 / 元		800	850
		本品 V_1	竞品 V_0
配置价值 / 元	A	100	100
	B	150	
	C		240
	D	200	200
	F	150	150
	合计	600	690
差异(ΔV) / 元		90	

尽管竞品售价比本品高 50 元，但是竞品的配置价值比较高。此时可以算出

$$\Delta V = 690 - 600 = 90（元）$$

本品配置配齐后价格为

$$P_1' = P_1 + \Delta V = 800 + 90 = 890（元）$$

也就是说本品配置如果和竞品一样，则本品的价格为 890 元。接下来计算 CC。

$$CC = (890 - 850) \div 800 = 5\% > 0$$

由计算结果可知，我们的产品（本品）的 CC 低于竞品 5%。

5.5 定人：确定购买商品的客户群体

所有的商品都有特定的客户群体，只是客户群体的特征存在区别而已。比如测距仪面向的可能是工程人员，而抹布则面向操持家务的成年人。研发商品需要先确定商品的客户群体，研发时才能有的放矢。

5.5.1 什么是商品定人

简单地说，商品定人就是定位商品的客户群体，从市场数据分析、客户画像中找出产品的需求者。

商品定人是一种研究和描述商品的潜在客户或现有客户的方法。它通常包括对客户的人口统计学特征，如年龄、性别、受教育程度、收入水平等的分析，以及对客户的消费习惯和偏好的研究。

5.5.2 为什么要做商品定人

通过商品定人，公司可以了解哪些客户群体更有可能购买其产品，并以此来调整市场营销策略和产品设计思路。商品定人有两个指导性的思想，一个是怎样精准地设计，另一个是怎样精准地营销。

- 精准设计：只有明确了客户群体，精准描述客户的痛点，才能精准地设计产品，让产品功能特点更符合客户群体的需求。简而言之就是"设计对的商品"。
- 精准营销：只有明确了客户群体，知道到客户在哪里，才能精准地进行营销，让营销的收益最大化。简而言之就是"把对的商品卖给对的人"。

做到以上两点，就能实现"涟漪效应"。比如某人系着一条非常有格调的领带去参加宴会，不少人询问领带的品牌和购买地点并购买，就属于一传十、十传百的"涟漪效应"。

因此，只要对客户群体进行精准定位，然后通过产品力赢取客户口碑并产生涟漪效应，

就能让客户帮我们做宣传、推广、带客、引流，无形中节约了广告成本。

5.5.3 商品定人策略

制定商品定人策略，必须思考以下3个方面的问题。

（1）客户区格。我们从客户的收入水平和消费观念两个维度来思考，对客户群体进行区格划分，如图5-11所示。我们需要了解自己的客户群体处于哪个区格。同时，我们必须思考，我们的商品为什么要卖给这个区格的群体，而不是别的群体？注意，不是说我们想卖给他们就能卖给他们，而是看我们的商品、服务与他们特征的契合度有多高？我们的商品定位、定价、定型，以及设计理念等是否都契合他们所在的区格对应的特点？

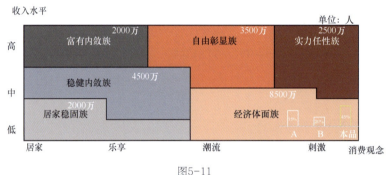

图5-11

（2）客户总量。我们在社会需求总量中进行细分，估算我们的客户群体的总量。我们需要知道我们的商品定位区格的用户总量是多少？在区格内我们打算销售的商品的市场占比是多少？为什么我们可以拥有这么高的占比？是我们单方面的意愿，还是我们的商品与客户群体的契合度非常高？

（3）客户需求。我们要解决客户的什么问题。

我们应该审视产品是否满足以下3个要求。

- 客户有痛点，我们的产品能解决客户的痛点，这是最基本的要求。
- 客户有足够的购买力来购买产品。虽然产品能够解决客户的痛点，但是价格过高或过低也会影响客户的购买欲。
- 产品的特性要符合客户的特质。比如为办公室白领群体设计的产品，可能全职家庭主妇群体就不会购买。

商品定人策略就是针对概念商品或样本商品，找准预设的客户进行调研，听取客户的意见，根据调研结果对商品特性、配置等进行修改。

常见的调研方法有问卷调研法、文献调研法、实地观察法、访谈调研法、抽样调研法和统计分析法。

- 问卷调研法：通过书面等间接方式进行调研，不受时空限制，调研范围广，能同时对多个调研对象进行调研。被调研对象需具备文字理解和表达能力。
- ✦ 文献调研法：通过搜集和摘取文献来获取信息，常用于探究趋势或了解演变过程。
- ✦ 实地观察法：通过直接观察获取第一手资料，偶然性较强，不适用于大样本调研。
- ✦ 访谈调研法：获取更深入且有价值的信息，但样本小、耗时长且成本高。
- ✦ 抽样调研法：从总体中抽取样本进行调研，结论通常较准确，成本低。
- ✦ 统计分析法：分析固定的统计报表，常用于分析事物发展轨迹和趋势。

调研方法有很多，每种方法都有其特点和适用场景，在进行调研工作时，我们需要根据调研目的来选用合适的调研方法。

> **提示**
>
> 需要注意的是，很多时候调研工作会用到多种调研方法。比如在进行市场调研时，可能会结合问卷调研法和访谈调研法来获取更全面的信息。又比如在进行社会现象调研时，可能会结合文献调研法和实地观察法来深入了解社会现象。综合运用多种调研方法可以更好地达到调研的目的。

5.6 定质：确定商品的质量等级

商品的质量等级除了决定产品的质量本身，还决定了产品的性能、价格和目标市场等。这些都是产品投放要考虑的重要因素。

5.6.1 什么是商品定质

商品定质就是确定商品的质量等级。在确定商品质量等级时，要考虑各种因素，例如原材料质量、生产工艺、设备状态等。如汽车常见的商品质量指标包括索赔率、PPM（表示不合格品率，1PPM 等于 1/1000000 的不合格品率）、碰撞等级、静音级别等。通过确定质量等级，企业可以更好地保障商品的质量达到预期水平，满足客户的需求。

5.6.2 为什么要做商品定质

质量等级是商品设计的重要考虑因素，它可以确保产品的质量、性能和价格等符合客户和市场的需求，从而使产品更容易获得成功。企业可以根据质量等级确定产品的质量标准和性能参数。

如果一件商品需要具有更强的防撞功能，那么就需要使用更高级的防撞材料。同样，如果一份外卖套餐要有更高的档次，那么就需要使用优质的食材、高级的厨师和高级的餐具等。

商品定质还可以帮助企业确定生产计划和质量控制策略，并为企业的商品质量管理系统提供有力的支持。

5.6.3 商品定质的策略

商品定质采取的策略基于商品定位中的档次。商品定位的高、中、低不同,质量等级也会有所差别。这是一种较为简单的做法,可以按照这种做法来考虑商品定质策略。

同时,在定质过程中还需要考虑到价格和成本的关系。一般来说,成本和质量成正比关系,高成本对应着高质量,低成本对应着低质量。低成本的产品想要卖出高价格很难,除非公司在这个产品所属领域内一家独大。具体来说,商品定质策略有如下两条。

(1) 根据商品定位中的档次确定质量等级,高档次产品有高级别的质量等级,如图5-12所示。

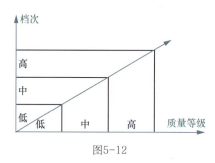

图5-12

(2) 仔细考虑价格与成本的关系,否则市场接受度不会高。

5.7 定价:确定商品的价格区间

商品价格是影响商品销量的重要因素之一,它直接影响销量以及商家的利润。因此,商品定价是商品预投放中的一个重要的环节。

5.7.1 什么是商品定价

商品定价是根据商品和服务的价值,应用定价策略确定商品价格的过程,目的是获得最佳的销量和收益。

商品定价是一个复杂的过程,它需要考虑许多因素,包括市场环境、消费者需求、竞争对手、生产成本等。商品和服务的价值是商品定价过程中非常重要的因素,它很大程度上决定了商品的价格。除此之外,定价策略也是很重要的因素,比如,促销活动、折扣等可以帮助确定商品的合理价格。同时,商家要根据变化及时调整定价策略,以确保商品的销量和利润。

5.7.2 为什么要做商品定价

对于消费者来说,商品的定价是对商品进行比较和选择的重要指标;对于商家来说,商品一旦定价，就可以衡量商品的收入和利润。

合理的定价策略对商家和商品而言具有以下非常重要的作用。

（1）增加销售量和利润：通过合理的定价策略，商家可以吸引更多消费者购买商品，以获得更高的利润率。

（2）提高品牌知名度和信誉：以合理的价格提供高质量的商品，可以提高品牌知名度和信誉。

（3）竞争优势：合理的定价策略可以帮助商家在竞争中脱颖而出。

（4）控制成本：通过定价策略，商家可以控制成本，确保盈利。

总之，合理的定价是商家在市场上取得成功的关键因素，它可以帮助商家实现销量和利润目标，并在市场上取得成功。

5.7.3 商品定价策略

商品定价策略包含市场环境、竞品价格、商务费用、价格能力、目标收益、展柜逻辑、不同投放点的购买力等方面，制订定价策略是一个复杂的过程。合理、科学的定价策略，会直接提高商品的销量，否则可能直接导致商品投放失败。

在商品投放前，只能确定价格区间，或者确定估算价格，在商品上市前可能商品（具体配置、造型、市场竞争环境、原材料价格、汇率等）会发生变化，定价可能有所调整。在正式投放时的商品价格才是正式的、确定的价格。

在商品预投放过程中，首先需要列出总览价格区间进行分析，然后对标核心竞品，最后确定内部价格区间。

（1）分析总览价格区间：分析行业内竞品价格区间与销量，一般看成交价（Transaction Price，TP）。比如某款产品的竞品有 8 种，不同型号的价格从 8000 元到 18000 元以上，总览价格区间如表 5-5 所示。

表 5-5

价格段	累计销量	比例	竞品1	竞品2	竞品3	竞品4	竞品5	竞品6	竞品7	竞品8
TP>18000	2,000	0%	30	341	-	-	-	-	-	-
17000≤TP<18000	5,000	0%	150,000	399	-	-	-	-	-	-
16000≤TP<17000	2,000	0%	440	419	-	-	-	-	-	-
15000≤TP<16000	15,000	1%	4,500	5,250	300	-	-	-	-	-
14000≤TP<15000	110,000	10%	13,069	8,059	38,500	8,931	13,200	-	-	-
13000≤TP<14000	250,000	22%	18,608	40,453	31,553	21,845	75,000	-	42,500	5,000
12000≤TP<13000	380,000	34%	26,859	-	58,691	133,000	114,000	34,200	11,400	1,990
11000≤TP<12000	200,000	18%	-	-	4,000	70,000	12,000	2,632	19,298	90,000
10000≤TP<11000	100,000	9%	-	-	-	8,654	1,683	35,000	22,000	30,000
9000≤TP<10000	60,000	5%	-	-	-	-	6,000	2,400	33,000	21,000
8000≤TP<9000	4,000	0%	-	-	-	-	543	1,760	400	184

从表 5-5 可以看到累计销量集中在表中的橙色虚线框里，即 11000~14000 元这个区间。在这个区间中，竞品 3、竞品 4、竞品 5 是我们需要对标的主要竞品。

（2）对标核心竞品：将主要竞品与本品的价格区间与销量进行对标，如图 5-13 所示。

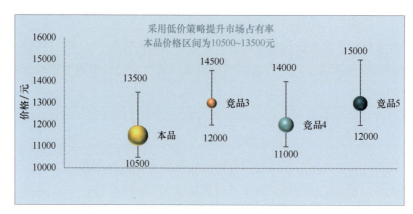

图5-13

如果本品竞争力一般，那么要提升市场占有率，可考虑适当降低价格；如果本品竞争力非常强，则价格可以与竞品价格持平。

（3）确定内部价格区间：内部价格区间要合理。比如本品价格区间为10500～13500元，则主销产品定价不能离开这个区间，否则就会与A8和A4的定价产生冲突（A1～A8分别代表8种竞品）。因此主销产品定价为11200元是合理的，如图5-14所示。

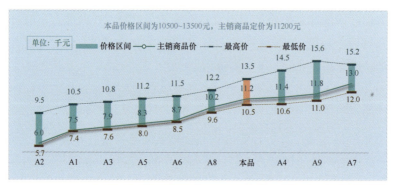

图5-14

> **提示**
>
> 这里只是简单讲解了预投放过程中需要考虑的一种定价情况，更多定价策略与方法将在第6章进行讲解。

5.8 定量：确定商品的预期销量

在一些商业论坛里，常常可以看到有人抱怨商品生产过多或过少，导致库存压力过大或者断货。这就说明商品的生产量是一个很重要的因素，需要认真对待。

5.8.1 什么是商品定量

简单来讲,确定商品的生产量就是商品定量,也就是确定商品在投放期内的预期销售数量。如果一款商品存在级别差异,还需要定义每个级别的权重和数量,也就是级别量细分。

> **提示**
> 商家还需要根据市场需求变化实时调整商品生产量,以确保商品始终满足市场需求。通过使用销售预测和库存管理工具,商家可以更好地掌控商品生产量。

5.8.2 为什么要做商品定量

在商品生产之前确定生产量是非常重要的,因为这可以帮助商家避免生产过多或过少的商品。

如果生产量过大,商家可能会面临库存积压的问题。这意味着商家需要花费额外的成本来储存过剩的商品,并可能面临被迫低折扣销售或商品过期等风险。

如果生产量过小,商家可能会面临缺货的问题。这将损失销售机会并导致销售量减少,消费者可能会转而购买竞争对手的商品。

总之,商品定量与商品规划相关,要与商品的市场定位吻合。我们必须要知道,没有定量的商品规划是无效的、无价值的。

5.8.3 商品定量策略

商品定量需要考虑的因素很多,比如需要明确商品生命周期、每年销量、商品是否具有周期性、商品是否有改款等。这里给出图5-15所示的案例供读者参考。从图5-15中我们可以看到商品生命周期为3年,商品销量在这3年逐年下滑约20%,第3年改款,第4年销量大致等于第3年销量,还可以看到商品销量在不同阶段有所不同。

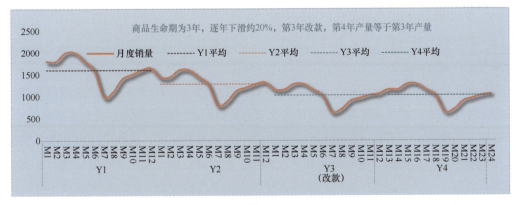

图5-15

商品定量时，我们还需要考虑以下因素。

（1）现有存量：根据现在细分市场里的总量和竞争对手的销量来定量。

（2）市场占有率：依照当前市场占有率来定量。

（3）考虑节奏：考虑商品的季节性、周期性，确定每月、每年的销量。

（4）销售评估：需要根据配套的销售策略和之前的营销数据评估销售情况，以及参照市场数据分析结果做出理性的判断，而不是拍脑袋决定。

（5）区域特点：不同区域消费者的消费能力不同，不同区域的地方政策可能也不同，因此需求也不一样。

（6）历史趋势：分析历史数据，预测销量。

总之，商品定量是一个科学决策的过程，需要多方面收集数据，并根据内部因素和外部因素综合进行预测。

5.9 定时：确定商品时间节点和投放窗口期

商品从调研立项到投放市场，中间有很多个环节。如何合理安排这些环节的完成时间节点，是一个非常重要的问题。

5.9.1 什么是商品定时

商品定时是指确定商品的投放时间，以及各环节的节点，如商品概念节点、商品定型节点、小批量节点、SOP（Start of Production，开始量产）节点等的时间。

5.9.2 为什么要做商品定时

商品定时可以帮助商家更好地掌控商品的各个节点时间，并在规定时间内完成各项任务。这样商家可以更好地掌控商品的质量和生产效率，并最大化商品的销售额和利润。商品定时总的来讲要考虑以下两点。

（1）商品的周期性以确定最佳的投放时间。

（2）根据商品预投放节点，以及商品生产周期倒推每个节点应该做什么，而不是想到一个商品概念，就立刻实施。

假设商品研发需要的时间约为半年，那么我们需要在某个时间节点之前确定商品的设计和功能。因此，我们需要确定商品研发的各个节点，以及在这些节点需要完成的任务。

根据商品投放的节点，可以倒推出应该在什么时候开始研发。我们应该根据商品的整个研发过程和市场需求来制定策略。在这个过程中，需要制定周计划，并在适当的时候加快研发进度。例如，当市场需求旺盛时，需要抓住机会尽快投放商品，此时我们就要想办法缩短每个环节所需的时间。

5.9.3 商品定时策略

商品定时策略也可以当成商品投放策略，它与商品过程节点、市场需求、商家主动控制等相关。具体来说，商品定时策略应该考虑商品的研发、生产、销售等过程节点，以确保商品能够按时投放市场。此外，商品定时策略还应该考虑市场需求的变化，以及商品生产技术发展水平等因素。

（1）合理安排商品过程节点。

商品过程节点主要包括前期研究、项目启动、项目定型、项目设计等 8 个节点，如表 5-6 所示。

表 5-6

过程节点	T+1	T+2	T+3	T+4	T+5	T+6	T+7	T+8	T+9	T+10	T+11	T+12	T+13	T+14
前期研究	■													
项目启动		■												
项目定型			■											
项目设计				■	■	■	■							
项目开发								■	■	■				
项目上线											■			
项目测试												■	■	
批量生产														■

合理安排各个节点的时长以及完成时间点，才能按计划将商品投放市场，而不至于延误最佳时机。

（2）考虑市场需求。

如果市场需求旺盛，为了抓住窗口期，可以采取加速策略；如果受到不利环境影响，例如自然灾害等，可以推迟投放时间。总之，投放时间并不是一成不变的，应该根据市场情况和用户需求进行调整。

（3）考虑技术发展水平。

商家根据自身的技术发展水平确定投放时间，比如现有商品市场反应非常不错、销售量也很大，即便有新技术，商家自己也可以控制节奏，不要太快投放新品；如果发现商品销量不大，所用技术需要改良，那就应该尽快投放新品，不要让竞品抢占了市场份额。

5.10 定点：确定商品投放的区域

有些商品的销售具有地域性，在特定的地区销售情况很好，比如辣味食品在云、贵、川等嗜辣地区就比较受欢迎。因此，企业应该根据市场特点来谨慎选择商品投放的区域。

5.10.1 什么是商品定点

商品定点是指确定商品和投放的区域，区域可以是全球，也可以是某个地区。全球投放的商品通常在全球范围内生产和销售，比如一些跨国公司生产和销售商品。地区投放的商品则是在特定地区进行生产和销售，比如我国生产、在全球销售，或在部分省生产、全国销售等。

5.10.2 为什么要做商品定点

商品定点的目的是让商品生产、投放在合适的区域进行，降低成本和投资风险，有利于提升商品的成功概率，增强商品的盈利能力。

做商品定点，重要的是要选择合适的区域，这样可以在小范围内进行试验，根据试验结果进行调整，以便降低风险。

不要把所有鸡蛋都放在一个篮子里，也不要把同一种鸡蛋放在所有的篮子里。商品定点是有策略地进行投放，以降低经营风险。

5.10.3 商品定点策略

商品定点是影响商品销售效果的重要因素之一。商品定点需要考虑的因素很多，比如目标消费者特点、消费者密度、交通便利性等。在充分考虑这些因素的情况下，做商品定点一般考虑以下8个因素。

（1）成本能力：商品投放点的便利程度、周边的资源齐备情况等影响商品的成本，成本是影响收益的主要因素之一。

（2）制造能力：生产点产能和供应商能力是影响制造能力的主要因素。

（3）质量能力：生产点质量控制水平、供应商能力、供应商选择都是影响质量能力的主要因素。

（4）商品购买力：商品的定价需考虑区域内客户的购买力，如果商品价格超出多数客户的购买力，则商品很难成功。

（5）区域成熟度：看该区域是否覆盖有服务网点，是否有相关的配套服务，例如售前是否培训好、售中网点是否有货、售后服务的配件是否齐备。

（6）商品交付力：在商品交付力不达标的区域，投放商品可能会带来售前、售中的问题，影响承诺满足率，从而导致客户抱怨，品牌的可信度降低。

（7）整体布局：考虑各个生产点产能是否平衡，避免各生产车间、生产工厂重复投资和投入。考虑各个销售区域之间是否协调，商务政策要兼顾其协调性，避免网点之间相互冲突。

（8）区域能力：不同区域有不同的特点，综合考虑是否要对该区域进行投放。

总之，做商品定点需要综合考虑多个因素，综合分析商品的特点和目标消费者的需求，选择最适合商品销售的地理区域,这样才能提高商品的销售量。商品定点策略还应该根据市场变化和销售数据进行不断调整,以适应市场变化和提高销售量。

5.11 定本:确定商品的成本目标

成本与利润之间存在着密切的关系。成本越低,通常来说,利润就越高;成本越高,利润越低。企业要想获得高额利润,就必须在合理范围内尽量降低成本。而要降低成本,就要进行合理的资源配置和生产组织,提高生产效率。

5.11.1 什么是商品定本

成本是指生产或经营活动中所需要投入的资金、材料、人力等,利润是指企业将销售收入扣除成本后剩余的部分。商品定本是指确定商品的目标成本,便于指导设计、配置选择、工艺选择等。

5.11.2 为什么要做商品定本

确定了目标价格,再确定目标成本,商品的收益指标也就确定了。如果一件产品在设计之初就对成本没有要求,那么在设计方案确定后就很难降低成本了。做过成本管理的人应该知道,相当大一部分成本都是由设计决定的。一个好的设计工艺和技术方案,可以降低20%~30%的成本;但如果一开始不控制成本,而是打算后期通过商业谈判来降低20%~30%的成本,是非常难的。

全球竞争日益加剧,同类商品之间的竞争也非常激烈。只有自己的商品使用了绝对领先的技术,走差异化路线,企业有强势的定价权,才能获得高额的利润,否则就只能与其他同质化商品竞争,那么此时最主要的做法之一就是拼成本了。这就是商品定本的重要性所在。

5.11.3 商品定本策略

商品定本策略基本上通过对标来实施。所谓对标,就是对比竞品找差距。对标是为了寻找和学习竞争对手优点,对标分为内部对标和外部对标两种。

1. 内部对标

内部对标,就是在企业生产的同类产品之间进行对标,通常有4种对标方法,即差异法、线性法、平均法和预算法。

(1)差异法。

差异法通过对比产品A和产品B的配置及成本的差异来进行判断。比如现有产品A有配置1,成本为100(相对值,无单位,以下同),现在要做产品B(包含配置1和配置2),配置 2 的成本为 20，通常成本目标锁定为 120，如图 5-16 所示。但在实际工作中，可能存在其他诸多原因，很多人做产品 B 时成本会高出 120，甚至涨到 150 以上，主要原因是没有进行对标。

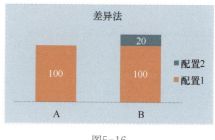

图5-16

（2）线性法。

比如某企业历史上有多个同类产品，将这些产品的重量、面积、长度、规格、型号等特性参数与成本放在一个二维坐标系里进行对比，可以看到大部分产品的特性参数与成本基本都在一条直线上。如果某个产品的成本高于这条直线，则说明这个产品的成本偏高，如图 5-17 所示，产品 D 的成本就明显偏高。

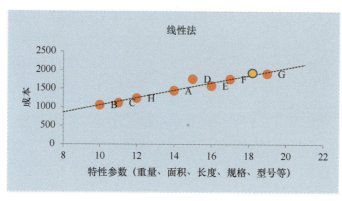

图5-17

（3）平均法。

平均法就是根据同类旧产品的平均成本来判断新产品的成本是否过高，如图 5-18 所示，旧产品 A、B、C 的平均成本为 120，那么新产品的成本就不应该高出 120 太多。

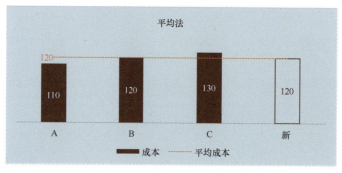

图5-18

（4）预算法。

预算法是指根据公司预算要求，给出目标成本。当然，只有预算做得非常科学、合理，才能采用这个方法。

2. 外部对标

外部对标即通过收集或分析竞争对手的成本来制定自己商品的成本目标，通常来说有以下 3 种方法可以采用。

- ✦ 标杆法：从上市公司财报、行业数据等了解竞争对手成本。
- ✦ 竞拆法：通过对竞争对手的商品进行拆解，了解其设计、材料、工艺的处理，倒推其成本。
- ✦ 其他渠道：通过专家、咨询公司、第三方平台、供应商等渠道获得竞争对手的相关成本信息。

> **提示**
> 其他对标方法还有结构法、写实法、矩阵法、模型法、箱体法、象限法、趋势法等。

5.12 定投：确定商品的投资和费用

有时候，企业明明投资了一款很有前景的商品，却最终因为资金问题没能撑住而停产甚至倒闭，殊为可惜。这多数是在商品预投放阶段没有做好投资规划而导致的。

5.12.1 什么是商品定投

商品定投就是指确定商品的投资和费用，投资包括设备投资、厂房投资、无形投资等，费用包括研发费、设计费、试验费，以及其他与商品投放到市场相关的费用。

投资是商品生产、研发的基础。设备投资包括投资生产设备、包装设备、仓储设备等，厂房投资包括投资厂房的建造、租用、维护等。无形投资包括投资知识产权、商标、认证等。

在费用包含的项目中，研发费指的是商品研发的费用，包括实验费、研究费等；设计费指的是商品设计的费用，包括设计师费、材料费等；试验费指的是商品试验的费用，包括试验材料费、试验人员费等；认证费指的是商品投放到市场前需要的认证费用，包括商标认证费、CE（Conformité Européenne，欧盟合格）认证费等。

5.12.2 为什么要做商品定投

商品定投的目的是看企业是否能承受相关的费用。有些费用投入超出自身能力，回收期长，往往导致企业变现能力降低而出现"缺血"死亡。投资和费用是企业现金流的支出，也是企业考虑当前与未来的关键项。

商品定投还需要考虑市场竞争、需求预期、投资回报率等多方面因素。因此，企业需要进行全面的市场调研和成本分析，以确定最佳的定投策略。合理的定投策略能够帮助企业最大化资金使用的收益，避免浪费和降低风险。此外，在定投过程中，企业还需要对投资和费用的变化进行实时监控和调整，以保证定投策略的可持续性。

5.12.3 商品定投策略

商品定投策略主要看投资回报率与投资回收期。

1. 投资回报率

投资回报率是指企业从一项投资性商业活动的投资中得到的经济回报比率，是企业衡量盈利状况所使用的指标之一，也是企业衡量经营效果和效率的一项综合性的指标。其计算公式为：

$$投资回报率（ROI）=(税前年利润/投资总额)\times100\%$$

从公式可以看出，企业可以通过提高利润来提高投资回报率。

如果计算利润相对比较麻烦，也可以简单地用投资变现率来衡量投资的回报，其公式为

$$投资变现率=净现金流入/投资总额\times100\%$$

要求净现金流入在一定时期内要大于投资总额的 1.5 倍到 2 倍，才算是合格的投资变现率，比如投资 3000 万元，在 3 年或 5 年内净现金流入 4500 万元到 6000 万元，这就是可以接受的。

2. 投资回收期

投资回收期亦称"投资回收年限"，其是指投资项目投产后获得的收益总额达到该投资项目投入的投资总额所需要的时间（年限）。

在进行投资时，我们不能将投资回收期拉得过长。通常，投资回收期不能超过 10 年，特殊情况或行业可设置为 20 年。一般来说，企业的投资回收期通常在 2~3 年，较长一点的可能为 4 年或 5 年。如果投资回收期过长，预期收益可能会因为不确定性因素，例如自然灾害、战争等而变得实现困难。

第 6 章
商品定价策略与常用方法

在商务活动中,定价是非常重要的部分。如果定价不符合市场逻辑、消费者的逻辑或者商品的价格逻辑,那么有可能会导致商品营销失败。因为定价的问题而导致失败的情况屡见不鲜。本章将重点讲解品牌与商品定位、价格区间锁定以及行业价格之间的关系,深入探讨商品定价策略与常用方法。

6.1 商品定位与价格区间

定价需要看品牌定位和商品定位,根据定位、销量预期等来确定价格区间,采用科学、合理的策略来进行定价。

6.1.1 快速了解价格端概念

在学习定价策略之前,有必要了解价格端的各种概念,如价格、收入、厂商指导价、成交价等。这些概念之间有一定的关系,比如收入与厂商指导价等概念相互影响。

+ 价格:包括厂商指导价(Manufacturer Suggested Retail Price,MSRP)、成交价(TP)。
+ 收入:包括含税收入与不含税收入。
+ 厂商指导价:商家对市场制定的销售价格,即"标签价"。但这不是成交价,成交价一般都低于厂商指导价。
+ 成交价:消费者实际购买商品的价格,也就是交易价,一般情况下比厂商指导价低。商品在不同的地区或时间可能有不同的促销,所以成交价一般随情况而变化。

> **提示**
> 落地价:消费者购买汽车,除成交价之外还会有保险、税费、上牌费等,落地价等于成交价加上这些费用之后的价格。

单位商品净收入一般通过以下公式进行计算:

$$NI = MSRP - DP - VBE1 - VBE2 - Tax$$

上面这个公式如果用中文表示则如下:

$$单位商品净收入 = 厂商指导价 - 经销商利润 - 影响价格的变动商务费用 - 不影响价格的变动商务费用 - 税费$$

这里以一款厂商指导价为100元的商品为例进行讲解。单位商品净收入公式中的项目如表6-1所示。

表 6-1

项目	简称	价格(含税)/元	备注
厂商指导价	MSRP	100.0	
影响价格的变动商务费用	VBE1	10.0	折扣90%
成交价	TP	90.0	消费者交易价
经销商利润	DP	4.5	TP×5%
不影响价格的变动商务费用	VBE2	5.0	赠送品价值
单位商品净收入(含税)	NI	67.5	
增值税	Tax	13.0	MSRP×13%
单位商品净收入(不含税)	NI	59.7	13%增值税

从表 6-1 中可以看到,这款指导价为 100 元的商品,含税单位商品净收入为 67.5 元,不含税单位商品净收入为 59.7 元。

> **提示**
> 还有一个常见概念叫作"固定商务费用",这个费用一般计入营销费用,不计入单位商品净收入。

6.1.2 从行业价格区间确定核心竞品

行业价格区间是指行业中商品的价格分布的主要区间,企业结合行业销量和竞品价格区间,可以清晰地对新商品、核心竞品进行定位。

看行业价格区间一般主要看成交价。通过总览行业价格区间,可以知道行业内的总体价格水平,再根据品牌定位锁定核心竞品价格区间。

通过分析行业价格可以确定商品在市场中的价格分布和销量,从而获取主要竞品的价格信息。常用分析方法为矩阵法。比如某企业准备要生产某类产品,该类产品在市场上价格位于 8000~18000 元。通过多方收集竞品的信息,列出它们的累计销量、比重与价格区间,如表 6-2 所示。

表 6-2

价格区间	累计销量/件	比重	竞品1销量/台	竞品2销量/台	竞品3销量/台	竞品4销量/台	竞品5销量/台	竞品6销量/台	竞品7销量/台	竞品8销量/台
TP>18000	2,000	0%	30	341	-	-	-	-	-	-
17000≤TP<18000	5,000	0%	1,000	399	-	-	-	-	-	-
16000≤TP<17000	2,000	0%	440	419	-	-	-	-	-	-
15000≤TP<16000	15,000	1%	4,500	5,250	300	-	-	-	-	-
14000≤TP<15000	110,000	10%	13,069	8,059	38,500	8,931	13,200	-	-	-
13000≤TP<14000	250,000	22%	18,608	40,453	31,553	21,845	75,000	42,500	5,000	
12000≤TP<13000	380,000	34%	26,859	-	58,691	133,000	114,000	34,200	11,400	1,990
11000≤TP<12000	200,000	18%	-	-	4,000	70,000	12,000	2,632	19,298	90,000
10000≤TP<11000	100,000	9%	-	-	-	8,654	1,683	35,000	22,000	30,000
9000≤TP<10000	60,000	5%	-	-	-	-	6,000	2,400	33,000	21,000
8000≤TP<9000	4,000	0%	-	-	-	-	543	1,760	400	184

从表 6-2 中可以看出,11000~14000 元销量是最大的,当然竞争也是最激烈的。如果我们决定在这个区间去竞争,那么可以对这个价格区间进行标记,可以看到竞品 3、竞品 4 和竞品 5 是我们主要的竞品。

6.1.3 核心竞品锁定价格区间

接下来分析核心竞品的价格,分析目的是锁定核心竞品价格区间,从而确定商品的价格区间。分析方法是对比分析法,通过对比核心竞品的价格区间来确定本品的价格区间,如图 6-1 所示。

由于本品的销量目标略高,所以打算采用低价策略提升市场占有率,因此价格区间就设定为 10500~13500 元。

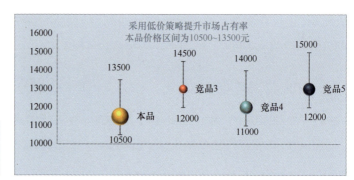

图6-1

> **提示**
>
> 这里确定的是价格区间,不是具体的价格。具体价格还需要根据配置、成本、利润、商品收益、价格能力等因素来综合考虑。

6.1.4 价格区间必须符合展台逻辑

在确定价格区间时,我们还要求价格区间符合展台逻辑。什么是展台逻辑呢?简单来说就是高质高价,低质低价。商品与商品之间要符合有序竞争关系,例如配置好、体验感好、质感好、造型时尚的商品,就应该价格高,反之价格就应该低一些。

> **提示**
>
> 商品竞争切忌无序。比如本来可以卖高价的反而卖了低价,损害了企业盈利能力;本来应该是低价的,结果定出了高价,导致销量一塌糊涂。

分析价格区间是否符合展台逻辑,常用的分析法是雷达图分析法,即将商品的配置、体验感、科技感等绘制为一个类似雷达的面积图,面积越大,价格应该越高,如图6-2所示。

从图6-2中可以看到,虽然A款产品的感知度比B款产品的高,但对比两款产品的面积,可以看出B款产品的较大,因此B款产品的价格应该高于A款产品。

分析价格区间的目的之一是让商品的价值与价格合理回归,重回有序竞争,避免市场价格体系混乱。同时,也不能让自己的商品之间出现价格冲突。

加权影响价格的因素后,最终会落实到价格区间,企业内部商品之间也会形成一个价格区间,呈现的效果如图6-3所示。

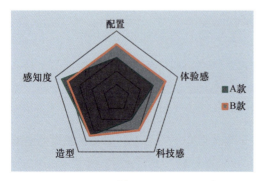

图6-2

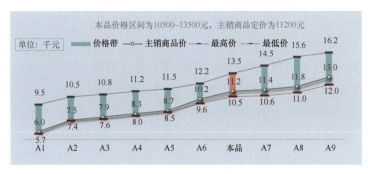

图6-3

从图 6-3 中可以看出，本品的价格区间定位非常符合展台逻辑，不会出现价格与定位倒挂的现象。

6.2 商品定价策略与方法

商品定价策略与方法是决定商品价格的重要因素，是商家实现利润最大化的关键。商家通过研究市场环境、消费者需求、竞争对手定价水平等因素，结合商品定价策略与方法，确定最合适的商品价格，以实现利润最大化。使用正确的商品定价策略与方法，可以有效地提高销售额，提高市场竞争力。

6.2.1 商品定价策略分类

商品定价策略有 4 种，即高价策略、跟随策略、低价策略和契合策略。这 4 种策略是根据商品的两个特性"品牌力"和"技术力"而制定的。品牌力和技术力就是指企业的品牌知名度与商品的技术含量。以这两个特性为纵坐标与横坐标，可以得到 4 个象限，分别对应高价策略、跟随策略、低价策略和契合策略，如图 6-4 所示。

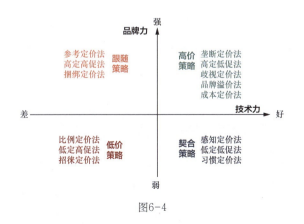

图6-4

- ✦ 高价策略：一种强势定价策略，采用这种定价策略的商品，品牌力强，技术力好，在市场有较强主导权和影响力，企业有底气采用这种策略。

- 跟随策略：一种相对比较温和的定价策略，采用这种定价策略的商品一般品牌力强，但是在技术方面不具有领导地位。
- 低价策略：一种打价格战的策略，希望通过低价来吸引用户购买；在行业竞争白热化，品牌力、技术力基本相当的情况下一般采用此策略。
- 契合策略：一种符合消费者预期的定价策略，采用这种定价策略的商品有较强的技术实力，但知名度较低，或者目标消费者已经形成消费习惯，不需要太强的品牌号召力也有不错的市场效果。

> **提示**
> 品牌力和技术力是商品的两个特性。有些商品二者皆有，比如一些畅销的汽车；有些商品偏向一方，比如名牌服装的技术含量可能不那么高，但胜在品牌知名度高，而有些商品可能不是那么知名但技术含量很高，比如一些小众领域的顶尖商品；还有一些商品既不知名也没什么技术含量，这类商品可能就是一些日用品，如筷子、毛巾等。

由于分析时采用了坐标与象限，因此该分析方法又叫作象限分析法。使用象限分析法划分的4种定价策略，各自又包含数种具体的定价方法。

（1）高价策略所包含的定价方法如表6-3所示。

表6-3

定价方法	简要说明
垄断定价法	由处于行业领先地位的少数企业通过协商形成价格的方法
高定低促法	制定较高价格，但只支出少量费用开展促销活动，以便获取更高利润的定价方法，也叫"缓慢撇脂策略"
歧视定价法	为了实现收益最大化，针对不同用户的支付能力，制定不同的价格，从而使各类用户都能购买该商品，这是一种以顾客为核心的定价方法
品牌溢价法	根据自己的品牌力，对同样的产品定出比竞争品牌的产品更高价格的方法，品牌的溢价即品牌的附加值，消费者愿意为此附加值买单
成本定价法	以单位产品可变成本，加上一定比例的固定成本和单位产品利润，来确定商品价格的方法，这是一种以盈亏平衡分析为基础的定价方法

（2）跟随策略所包含的定价方法如表6-4所示。

表6-4

定价方法	简要说明
参照定价法	参照市场价格、以前价格的定价方法，也是用来影响消费者心目中的参照价格的定价方法，是让消费者快速比较价值、快速决策的影响定价方法
高定高促法	制定较高价格，同时支出大量费用开展促销活动，以便获取更多订单的定价方法
捆绑定价法	将两种或两种以上的产品捆绑出售，并制定一个合理价格的定价方法。捆绑的产品一般具有相关性，有时也可以无关

（3）低价策略所包含的定价方法如表6-5所示。

表6-5

定价方法	简要说明
比例定价法	类似参照定价法，不过比参照定价法定的价格更低，是参照竞争对手价格乘以系数的定价方法
低定高促法	制定较低价格，同时支出大量费用开展促销活动，是完全以价格来影响消费者决策的定价方法
招徕定价法	一种有意将少数商品降价以招徕、吸引顾客的定价方法，也是根据消费者的习惯价格而定价的方法，又称特价商品定价法

（4）契合策略所包含的定价方法如表6-6所示。

表6-6

定价方法	简要说明
感知定价法	以消费者对产品价值感知为基础的定价方法。消费者对商品的价值感知主要来源于主观判断、经验和消费体验
低定低促法	以略低于价值感知定价，同时只支出少量费用或不支出费用开展促销活动，用价格来影响消费者的定价方法
习惯定价法	根据消费者的习惯价格心理而定价的方法。对于消费者价格已形成习惯的商品，即使生产成本变动，也不能轻易改变价格

6.2.2 商品定价方法选择

商品定价方法应该如何选择呢？一般来说，应该根据企业品牌力和技术力来选择，同时在实际定价中，也要考虑竞争环境的影响，选择适合企业自身和符合当前现状的定价策略。

比如，化妆品行业市场环境不佳，高端化妆品的销量大幅降低，某高端化妆品公司推出一款新的防晒＋美白的产品，这个时候应该采取什么样的定价方法呢？

常规思路如下。

- 把价格定低，通过低价吸引消费者。
- 看同档竞品销售价格是多少，比同档竞品高一点即可。
- 做市场调研，根据目标群体的购买力来确定价格。

销售部门对这款化妆品进行了分析，认为本品牌属于高端品牌，价格就不能定得太低，否则品牌力会逐渐弱化，带来的风险与损失更大。因为在消费者心目中有品牌的定位，如果颠覆了客户的品牌认知，那品牌力就会消失，价格能力也会随之丧失。因此，公司最后采用了跟随策略，选择高定高促的定价方法，同时对该款化妆品设定"尝鲜价"，限量出售以吸引消费者；此外还采用捆绑式销售，将新品与畅销款的口红进行捆绑。最后该款化妆品果然取得了较为理想的销量。

6.3 商务费用策略

商务费用分为变动商务费用、固定商务费用。变动商务费用又分为影响价格的变动商务费用和不影响价格的变动商务费用。变动商务费用简称"变商",固定商务费用简称"固商"。

在开始介绍商务费用策略之前,我们需要明确价格与净收入的关系。假设某商品指导价为 100 元,那么它的其他相应项目如表 6-7 所示。

表 6-7

项目	金额/元	备注
指导价	100.0	
影响价格的变动商务费用	10.0	折扣 90%
成交价	90.0	消费者交易价
经销商利润	4.5	成交价×5%
不影响价格的变动商务费用	5.0	赠送品价值
单位商品净收入(含税)	67.5	
增值税	13.0	指导价×13%
单位商品净收入(不含税)	59.7	13%的增值税

通过表 6-7 我们可以大致了解一个商品从指导价到单位商品净收入的构成,市面上我们看到的只是指导价,并非企业的单位商品净收入,从指导价到单位商品净收入还有很多计算环节。指导价是指市场对商品价格的预期和建议。影响价格的变动商务费用包括折扣、折让等。成交价是消费者最终所支付的价格。经销商利润是指经销商在销售过程中所获得的收益。不影响价格的变动商务费用是指消费者以成交价购买商品后,商家赠送的额外价值的商品和服务折算而来的费用。单位商品净收入(含税)指成交价的销售收入减去经销商利润、额外赠送附属品价值后所得的收入,其中包含增值税。单位商品净收入(不含税)是指不含增值税的单位商品净收入。

其中,变动商务费用和固定商务费用的支出需要使用一定的策略,才能达到利用较少资金实现较好效果的目的,下面对这两种策略进行介绍。

6.3.1 变动商务费用策略

变动商务费用分为两类,一类会对商品价格有影响(即影响价格的变动商务费用),而另一类则没有影响(不影响价格的变动商务费用)。这两种变动商务费用的使用策略是不同的。

1. 影响价格的变动商务费用

使用影响价格的变动商务费用的策略与原则一般来讲有以下 3 点。

- ✦ 品牌力与价格:企业要考虑指导价是否一定要保持稳定?例如,如果品牌是高端品牌,那么定价 10 万折后 8 万,会让消费者感觉到打折让利,一段时间内的确会增加销量,但长期打折会不会面临品牌力下降的风险?这是企业需要思考的问题。

- 消费税与价格：消费税按照指导价进行计算，指导价高则消费税高；假设指导价＝成交价，则消费税就会减少，如表 6-7 中所示，假设消费税为 5%，如果指导价从 100 元降为 90 元，则消费税会减少 10 元的 5%，也就是 0.5 元。
- 网点提成与价格：销售网点的提成费用如果按指导价计算，那么较高的指导价也会导致提成费用较高。企业也可以考虑使用成交价来计算提成费用。

2. 不影响价格的变动商务费用

这部分费用是为了保持价格的稳定，采用赠送其他有价值的附加产品的方式，例如买车送保养、买方便面送碗、买空调送风扇。使用不影响价格的变动商务费用的策略与原则有以下两点。

- 品牌力与价格：使用不影响价格的变动商务费用，是维持价格稳定、维持品牌力比较好的方法。但是需要赠送有价值、能用得上、好用的附加产品，才能更好地体现赠品价值；也可以赠送其他非关联商品，前提仍然是赠品要有价值、能用得上、好用。
- 标准与尺度：不影响价格的变动商务费用很多时候由销售人员控制，不同的销售人员可能有不同的赠送尺度，需要进行规范化、合理化，否则容易出现问题，如少给赠品、不给赠品、私扣赠品、超量赠送赠品以挽留客户等，都会给企业带来不必要的损失。

6.3.2 固定商务费用策略

固定商务费用包括广告、宣传、商务活动和技术培训、网点支持等费用。这部分费用属于共同性费用，也是一次性投入费用，属于固定投入，不会受到商品的销量增减的影响。固定商务费用策略包含以下两点。

（1）费用与价格：固定商务费用的投入要根据商品的价格、收益情况确定，避免出现高投入低回报的情况。在投入前要研判投入产出比，一般看固定商务费用比重（FBE%）是多少。

$$FBE\% = 单位商品固定商务费用 \div 单位商品价格 = (总固定商务费用 \div 规划数量) \div 单位商品价格$$

先计算出单位商品固定商务费用在单位商品价格中的比重，再比较各商品的比重，根据大小就可以判断是否合理。

（2）费用与效果评价：广告、宣传、商务活动和技术培训等固定商务费用的投入，需要研判资金使用效率，或者称投入产出比。

首先要确定投入前和投入后的收益差异（Δ收益），投入前收益也就是延续方案、模式原本可以带来的收益，也称延续收益。资金使用效率计算方法如下：

$$资金使用效率 = \Delta 收益 \div 资金投入 = (投入后收益 - 延续收益)/资金投入$$

其中，收益可以是单纯的销量收益、价格收益，也可以是面积收益。如果把价格看作宽度、销量看作长度，那么销售额就是二者相乘的结果，即面积。一般使用面积收益评估的时候居多，因为一些商务活动一般会同时影响到价格和销量，只要面积为正就可初步判断资金使用有效。比如在打广告后的一段时间里，可能商品价格没有上涨，甚至还略有下降，但销量却爆发了，此时其面积为正，说明此广告的资金使用是有效的。

固定商务费用的使用要遵循以下原则。

- ✦ 资金使用不能全是小金额、多批次的投入，这样很难验证效果，也没有重点，应该集中资金做大事，提升共振性，让资金得到更加有效的使用。
- ✦ 资金使用必须有效果验证，短期内可能不太好验证或评价，但长期积累经验，也许可以形成独有的商业模式。
- ✦ 资金投入后，面积收益必须上升。如果销量不能上升、价格还下降了，收益也下降，那么投资就没有必要性。

下面介绍分析固定商务费用效果的"剑鱼分析法"。这种分析方法主要通过对比投入与未投入固定商务费用的收益区别来研判固定商务费用的效果。

某企业投入固定商务费用 100 万元进行商务活动，带来商品销量的上涨如表 6-8 所示。

表 6-8

单位：万元

月份	N-4	N-3	N-2	N-1	N+0	N+1	N+2	N+3	N+4	N+5	N+6	N+7	N+8	N+9	N+10	N+11	N+12	合计
资金投入					100													
当前收益	5000	4800	4700	4600	4500													
预测收益						4360	4240	4120	4000	3880	3760	3640	3520	3400	3280	3160	3040	44400
FBE 后实际收益						5000	5200	6000	5600	5000	4800	4600	4200	3800	3500	3300	3200	54200

其中，N+0 是当前投入 100 万固定商务费用的一个周期。N+0 之前的 4 个周期是未投入固定商务费用时的周期；在 N+0 后的周期中，"预测收益"是指假如在未投入固定商务费用情况下的各周期收益，是预测值；"FBE 后实际收益"是指在投入固定商务费用情况下的各周期收益。

可以计算出：

$$\Delta 收益 = 54200 - 44400 = 9800 > 0$$

$$资金使用效率 = 9800 \div 100 = 9800\%$$

根据以上数据绘制图形，可以更加直观地看到投入固定商务费用与未投入固定商务费用的区别，如图 6-5 所示。

图 6-5 中橙色部分的面积即为收益面积。该面积加上未投入固定商务费用的当前收益及预测收益，其形状与剑鱼类似，如图 6-6 所示。这就是该分析法得名"剑鱼分析法"的原因。

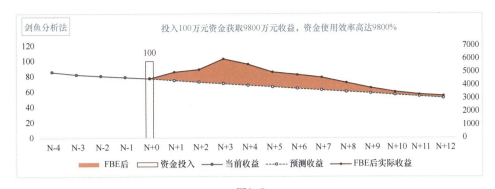

图6-5

图6-6

> **< 提示**
>
> 有时候在投入固定商务费用的同时，商品还可以适当降价，只要通过剑鱼分析法分析面积收益的方式来看"Δ 收益"是否大于 0 即可。资金使用效率的标准可以根据公司的不同情况进行设定。

6.4 网点利润策略

网点是指企业在市场上销售产品的地点，可以是实体店铺、电子商务网站或者手机应用程序等。网点是企业与消费者直接接触的地方，因此网点对企业具有重要意义。网点非常重要，这是直达市场端的关键，企业产品能否卖出去？销量能否上涨？这些很大程度上取决于网点。

企业与网点间的利润分配，通常有以下 5 种策略，如表 6-9 所示。

表 6-9

序号	策略简称	说明
1	固定比例	按固定比例提成，提成费用与销售额或销售量成正比
2	保底提成	约定保底销售额和保底提成费用，超额则给超额奖励，未达标则差额扣减
3	固定总包	一种包销模式，约定某商品责任包销，企业为经销商支付固定奖励
4	按档提成	销售额落在什么档位就采用对应档位的提成率进行提成
5	超额累进	不同的销售额（量）有不同的提成率，销售额越多提成率越高

下面分别对这 5 种策略进行解释。

6.4.1 固定比例

固定比例策略的计算公式为

$$提成额 = A \times X$$

其中，A 为销售额，X 为固定提成率。这个策略非常好理解，就是网点在其销售额中提取固定比例的费用作为网点的销售酬劳。此策略的优、缺点如下。

+ 优点：销售额越多提成越多。
+ 缺点：对网点积极性的刺激不够大，尤其在销量达到一定数值后要继续提升销售额会比较难。

6.4.2 保底提成

保底提成策略的计算公式为

$$提成额 = X_0 + (A - A_0) \times X$$

其中，A 为销售额，X 为提成率，A_0 为保底销售额，X_0 为保底提成额。这个策略就是给网点设置一个保底销售额，没超过保底销售额，则网点只能拿保底提成额，超过的话则能拿相对较高的超额提成。此策略的优、缺点如下。

+ 优点：超过保底销售额，网点会拿到更多的提成额。
+ 缺点：对网点积极性的刺激不够大，尤其在销量达到一定数值后要继续提升销售额会比较难。

6.4.3 固定总包

固定总包策略没有计算公式，它的优、缺点如下。

+ 优点：让经销商共担风险。
+ 缺点：如果经销商长期亏损，则会丧失合作意愿和信心。

因此，掌握固定总包的额度是很关键的，如果固定总包额度过高，则可能损害企业的利润，反之则可能导致经销商微利或无利可图，从而拒绝合作。因此，固定总包额度需要经过精确的计算和评估，确保合理、合适。

6.4.4 按档提成

按档提成策略就是按照档位增加提成率。这里假设某企业为网点制定了 3 档提成率，其提成费用详细计算方法如表 6-10 所示。

表 6-10

档位	提成基数	提成率	计算
一档	$A < 1000$	5%	$A \times 5\%$
二档	$1000 \leq A < 1500$	6%	$A \times 6\%$
三档	$A \geq 1500$	7%	$A \times 7\%$

按档提成策略一目了然，无须复杂计算，按照事先设定好的档位来计算提成费用即可。其优、缺点如下。

+ 优点：销售档位越高，提成费用越多，容易刺激网点销售；容易理解，容易计算。
+ 缺点：企业的利润损失相对较大。

6.4.5 超额累进

超额累进策略的计算公式较为复杂，本档总利润为本档利润加上前面各档利润的总和，如表 6-11 所示。

表 6-11

档位	提成率	提成额
$A < A_1$	X_1	$A_1 \times X_1$
$A_1 \leq A < A_2$	X_2	$A_1 \times X_1 + (A_2 - A_1) \times X_2$
$A_2 \leq A < A_3$	X_3	$A_1 \times X_1 + (A_2 - A_1) \times X_2 + (A - A_2) \times X_3$

其中，A 为销售额，X_1、X_2、X_3 为提成率。通过超额累进策略设定明确的目标和激励机制，可以简化管理、提高效率。超额累进策略的优、缺点如下。

+ 优点：销售额越高提成率越高，吸引力较大，刺激性较大，效果较好。
+ 缺点：计算相对复杂。

> **提示**
>
> 不同市场或商品有不同的网点利润策略，企业可以根据自身规模、友商网点模式等来选择策略。一般情况下推荐使用超额累进策略。

这里举一个例子来说明超额累进策略。某企业依托电商在网络平台进行销售，约定使用超额累进提成策略，当月销售当月结算。规则如下，销售额在 1000 万元内提成 4%，1000 万～2000 万元提成 5%，2000 万～3000 万提成 6%，实际销售额为 2500 万元，则该电商的提成费用应为 120 万元，计算方法如表 6-12 所示。

表 6-12

档值/万元	提成率	提成公式	提成费用/万元
1000	4%	$=1000 \times 4\%$	40
1000～2000	5%	$=(2000-1000) \times 5\%$	50
2000～3000	6%	$=(2500-2000) \times 6\%$	30
合计			120

6.5 价格能力分析模型

价格能力（Price Power，PP）是商品在行业竞争中，同一竞争水平上的价格表现，价格能力强说明企业的品牌力强。价格能力主要通过实际成交价、V 值、理论目标价之间的关系进行计算。

+ 实际成交价：商品的最终成交价。
+ V 值：商品价值，社会公允价值。
+ 理论目标价：商品的 V 值加上同一级别市场所有商品加权的 V 值溢价。

> **提示**
>
> 价格能力强不代表利润高，这是两回事。可能有的商品的价格比较受消费者欢迎，但它带给企业的利润并不是很高。一些引流商品就具有这样的特点，企业通过引流商品吸引消费者，然后向消费者推销高利润的商品。

6.5.1 分析价格能力

分析价格能力的目的是从市场中研判企业的品牌力，分析结果可以帮助企业做品牌力的提升和改善。分析方法通常为加权平均法与比较分析法。在分析之前先明确以下变量。

+ N：商品销量。
+ V：V 值，即商品价值。
+ TP：成交价。
+ PO：理论目标价。
+ ΔC：溢价。

（1）计算单一商品溢价。

$$\Delta C = 商品指导价 - 商品价值 = \text{MSRP} - V$$

例如，现有商品 1，ΔC_1 为商品 1 的溢价，ΔC_1 的计算方法为：

$$\Delta C_1 = 商品1的指导价 - 商品1价值 = \text{MSRP}_1 - V_1$$

如用图形表示，则可以很形象地看出商品 1 的价格构成，如图 6-7 所示。

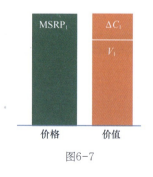

图6-7

如果商品有多个级别，就可以称之为一个系列。一个系列的商品的 ΔC_1 如何计算呢？

$$\Delta C_1 = 商品1系列加权平均指导价 - 商品1系列的加权平均价值 = \Sigma \text{MSRP}_1 - \Sigma V_1$$

（2）计算竞品群商品加权溢价。

所谓竞品群商品，就是市面上所有竞品的集合。当然，在实际操作中不可能收集到市面上所有竞品的信息，因此只需要收集到大部分竞品的信息就足够了。使用这些竞品的溢价信息计算整个行业内该商品的竞品群内所有商品的加权溢价，用 N 代表销量，其计算公式如下：

$$\Delta \overline{C} = \frac{\Delta C_1 \times N_1 + \Delta C_2 \times N_2 + \Delta C_3 \times N_3 + \Delta C_4 \times N_4 + \cdots}{N_1 + N_2 + N_3 + N_4 + \cdots}$$

简单地说，计算平均值就是把每个竞品的溢价乘销量的总和，除以总的销量。竞品的数量不能太少，太少就无法准确体现行业竞品群的加权溢价。

（3）计算商品理论目标价。

商品 1 的理论目标价 PO_1 可使用以下公式计算：

$$PO_1 = \Delta \overline{C} + V_1$$

理论目标价 PO_1 与竞品成交价 TP_1 对比如图 6-8 所示。

得到 PO_1 之后，再来计算商品价格能力。

（4）计算商品价格能力。

计算商品 1 的价格能力 PP_1 的公式如下：

$$PP_1 = \frac{TP_1 - PO_1}{PO_1}$$

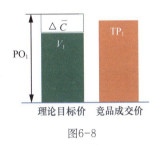

图6-8

6.5.2 分析价格能力实战案例

手机市场有 3 个品牌（甲、乙、丙），每个品牌只有一款手机，分别为 A、B、C，对应的指导价、成交价、V 值总和、销量如表 6-13 所示。

表 6-13

品牌	手机	指导价/元	成交价/元	V 值总和/元	销量/台
甲	A 款	4500	4200	4000	10000
乙	B 款	4000	3800	3600	20000
丙	C 款	5000	4600	4300	30000

> **提示**
> V 值总和是商品匹配的功能、配置的价值总和。

第一步：计算单一商品溢价，计算结果如表 6-14 所示。

表 6-14

品牌	手机	指导价/元	V 值总和/元	商品溢价/元
甲	A 款	4500	4000	500
乙	B 款	4000	3600	400
丙	C 款	5000	4300	700

第二步：计算竞品群商品加权溢价，计算结果如表 6-15 所示。

表 6-15

品牌	手机	指导价/元	V值总和/元	商品溢价/元	销量/台	溢价总额/元	加权溢价/元
甲	A款	4500	4000	500	10000	5,000,000	
乙	B款	4000	3600	400	20000	8,000,000	567
丙	C款	5000	4300	700	30000	21,000,000	
合计					60000	34,000,000	

第三步：计算商品理论目标价。以品牌甲为例，A款手机的理论目标价计算如下：

$$理论目标价 = 567 + 4000 = 4567$$

3款手机的理论目标价如表6-16所示。

表 6-16

品牌	手机	V值总和/元	加权溢价/元	理论目标价/元
甲	A款	4000	567	4567
乙	B款	3600	567	4167
丙	C款	4300	567	4867

第四步：计算商品价格能力。以品牌甲为例，A款手机价格能力计算如下：

$$价格能力 = (4200 - 4567) \div 4567 = -8\%$$

3款手机的价格能力如表6-17所示。

表 6-17

品牌	手机	理论目标价/元	成交价/元	价格能力
甲	A款	4567	4200	-8%
乙	B款	4167	3800	-9%
丙	C款	4867	4600	-5%

> **提示**
>
> 有读者可能要问，为什么价格能力都是负数？这是因为实际成交价都比指导价低。

结论：丙品牌的品牌力较强，价格能力也较强，只低于理论目标价5%，最差的是乙品牌，低于理论目标价9%。

6.6 保本点计算模型

保本点（Breakeven Point）是指总销售收入和总成本相等，既无盈利，也无亏损，正好保本对应的销售量（额），又称"损益平衡点""盈亏平衡点"。而销售收入与销售价格、保本点息息相关，因此，读者需要掌握保本点的概念。

6.6.1 与保本点相关的计算公式

与保本点相关的计算公式如下。

(1) 保本点销售量＝固定成本总额÷(产品单价－单位变动成本)

又因为：

$$产品单价－单位变动成本＝单位贡献毛收益$$

因此上式又可写成：

$$保本点销售量＝固定成本总额÷单位贡献毛收益$$

(2) 保本点收入＝年固定成本总额÷(1－变动成本率)

其中，

$$变动成本率＝(单位变动成本÷销售单价)×100\%$$

因此，

$$单位变动成本＝(销售单价×变动成本率)÷100\%$$

(3) (生产单一产品企业)保本点销售量＝固定成本÷贡献毛收益

(4) (生产多种产品企业)保本点销售量＝固定成本÷加权平均贡献毛收益

6.6.2 保本点计算实战案例

为了便于理解，这里以案例来对保本点进行说明。

(1) 计算保本点销售量。

假设某商品销售价格为100元，材料成本为50元，人工成本为15元，折旧成本为20元，管理费用为10元，利润为5元；固定投资为100万元，其价格构成如图6-9所示。

图6-9

从图6-9可以看到，贡献毛收益＝100-50-15＝35，那么：

保本点销售量＝固定成本总额÷单位贡献毛收益＝1000000÷35＝28571

(2) 计算保本点收入。

保本点收入＝年固定成本总额÷(1－变动成本率)＝1000000÷(1-65%)＝2857143

(3) 计算多商品的保本点收入。

假设设备投入仍然是100万元，可以生产2种商品，一种价格构成如图6-9所示，另一种销售价格为 150 元,变动成本为 90 元。两种产品的设备利用率分别为 40% 与 60%（可由此确定权重），二者的详细数据如表 6-18 所示。

表 6-18

产品	价格/元	变动成本/元	变动成本率	权重	加权变动成本率
A	100	65	65%	40%	61.54%
B	150	90	60%	60%	

> **提示**
> 加权变动成本率 = 加权变动成本 ÷ 加权价格。

此时应该如何计算二者的保本点收入呢？

保本点收入 = 年固定成本总额 ÷ (1 - 加权变动成本率) = 1000000 ÷ (1 - 61.54%) = 2600000

接下来又应该如何计算二者的保本销售量呢？首先根据二者的数据计算出加权贡献毛收益，如表 6-19 所示。

表 6-19

产品	单位贡献毛收益/元	权重	加权贡献毛收益/元
A	35	40%	50
B	60	60%	

保本点销售量 = 固定投资总额 ÷ 加权贡献毛收益 = 1000000 ÷ 50 = 20000

由此得出二者的保本销售量为

产品 A = 20000×40% = 8000

产品 B = 20000×60% = 12000

6.7 商品生命周期定价策略

生命周期价格是一种价格规划逻辑的体现，其预计轨迹根据商品的使命和定位确定。在商品生命周期的活动中，有些活动是被安排的，是在市场环境中逐步形成的，也是消费者、商家不约而同形成的惯例，如电商"双 11"活动、"3·15"活动，又如汽车行业的车展。如果企业计划在 1 年后对商品改款，那么旧款商品在新款商品上市前需要进行促销、清库等活动，这些都需要规划。

> **提示**
> 有些活动是根据市场突发状况临时安排的，因此在实际的过程中会出现价格政策的变化，而这样的情况是没有办法预见的。

有人说特定的时间节点到了再确定价格,不需要规划生命周期价格。这种说法是错误的,原因有以下两点。

(1)生命周期价格其实体现的是一种价格规划逻辑,类似于预算逻辑。比如财务在做账时,会提前对年底的价格政策做规划,包括什么时候多少折扣、什么时候商品要改款换代、价格政策是什么都必须规划清楚,否则没有办法做预算或中期事业规划。没有预算或中期事业规划,企业收入、愿景就不明确。有人说预算是不可靠的,的确,让所有业务都按预算进行是不可能的。因为市场是多变的,预算时不可能预测所有的变化,但有规划就有方向、有预期。如果没有规划,那企业就在随波逐流,对长期发展毫无帮助。

(2)生命周期定价策略有利于商品的迭代、更新,如果等到商品卖完了才做迭代,那么商品没有延续性,没有生命力,企业没有持续向上的能力。必须让商品规划和商品生命周期定价策略形成一个整体,才有利于企业品牌的稳定、企业盈利的持续。

6.7.1 4 种定价策略

商品生命周期定价策略主要包括 4 种,分别是降价、涨价、平价(维持)、混合,所谓混合就是涨价、降价、平价混合出现的结果;价格变动有 2 种形式,一种是明调,一种是暗调。

这 4 种情况和 2 种形式,体现的是指导价与时间的关系,或指导价和成交价与时间的关系,如表 6-20 所示。

表 6-20

形式	降	涨	平	混
明调	滑铁	拉索	水平	锯齿
暗调	水平+滑铁	水平+拉索	平行	水平+锯齿

这 4 种情况和 2 种形式组合起来共有 8 种策略,它们分别具有不同特点,下面一一进行讲解。

6.7.2 明降策略

明降策略旨在通过直接下调指导价(也即下调标签价),提高消费者的购买欲望。使用这种策略,可以让消费者直接感受到商品价格的降低,从而提高他们的购买欲望。明降策略下的价格轨迹如图 6-10 所示。

其中,T 可以代表一周、一月、一季度、一年等周期,可以根据行业和商品特性自行定义。

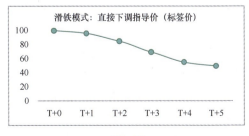

图6-10

1. 适用范围

明降策略的适用范围如下。

- 价值高、需求量大、关注度高、市场观望情绪较浓的商品，如高端电子商品。假设某智能机器人售价为100万元，但随着技术、资源瓶颈的突破而降价，降价会带来更多消费者。新能源汽车也是如此，目前其成本最高的部分就是电池，如果电池的瓶颈被突破，那么降价会带来更高的销量。
- 消费者对品牌不敏感，但对价格相对敏感的商品，如面条、面粉、茶壶等。消费者在初次接触这类商品时无法鉴别好坏，通过节假日的降价活动购买了这类商品，如果感觉商品确实不错，那么消费者就建立了对品牌的信任。

2. 优点

明降策略的优点不仅在于可带来较大的销量，还在于能起到引流的作用，吸引更多的消费者关注。降价的同时也能刺激消费者的购买欲望，降低产品在市场上的库存水平，为企业销售带来积极的影响。

3. 风险

明降策略的风险有如下两点。

- 会带来品牌定位不明的风险。消费者一旦认定品牌定位，更改起来往往非常难。
- 持续的降价，会让消费者感到不安。因为消费者刚买了商品就降价，会对品牌产生不好的印象。

6.7.3 暗降策略

暗降策略不对指导价进行调整，而是让成交价下降，通过促销让消费者感觉到商品在降价。暗降策略下的价格轨迹如图6-11所示。

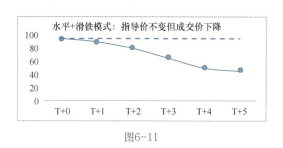

图6-11

1. 适用范围

暗降策略的适用范围如下。

- 品牌力较强，但需要成交量支撑的企业。
- 技术和质量都优于竞争对手，但是未形成品牌效应，打算拉开档次，做品牌区格的企业。

2. 优点

暗降策略的优点在于能保持商品、品牌的市场价格能力，有助于在市场中进行定位。暗降策略可以新增部分引流，奠定品牌形象，提升品牌价格能力。

例如，一家生产铁锅的企业，商品价格偏贵，一般价格均在 1000 元左右，看上去感觉质量还不错。企业制定的卖点为"高纯精铁，无涂层、轻量、不易锈、不粘、无油烟"，并在年初就制定了以下的商务价格策略。

- "3·18"活动：打 9 折。
- "5·1"活动：打 8 折，送价值 288 元的不锈钢勺子。
- "6·18"活动：打 8 折，送价值 288 元的不锈钢勺子 +198 元的铲子。
- "双 11"活动：打 7 折，送价值 288 元的不锈钢勺子 +198 元的铲子 +168 元的汤锅。

通过一系列暗降活动，该企业的高端铁锅赢得了众多消费者的喜爱，打开了局面，在市场上站稳了脚跟。

3. 风险

暗降策略的风险有以下两点。

- 引流效果不如明降策略，流量增速相对较慢。暗降策略下的促销的净收入可能会低于不促销的净收入。但是，当品牌流量相对稳定时，偶尔的暗降活动也会带来增量，当然这主要看消费者对品牌的关注度与认可度。
- 指导价会被作为计算税费的基准，增值税不会降低，但利润降低了。

6.7.4 明涨策略

明涨策略，即上调指导价，让消费者直接感受到价格在上涨。明涨策略下的价格轨迹如图 6-12 所示。

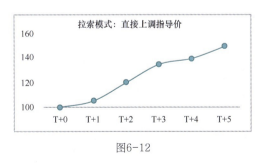

图6-12

1. 适用范围

明涨策略适用于商品资源较紧缺、行业成本整体上升等情况。

例如，商家故意制造货源紧张的现象进行饥饿营销，就是一种明涨策略。

又例如，2022 年新能源汽车厂商纷纷宣布涨价，主要原因是电池价格上涨，有些车型的电池成本从几万元提高到十万元左右。同时，芯片价格上涨也导致成本增加上万元。而新能源汽车的销售价格普遍在 20 万元左右，汽车厂商没有这么大的利润空间，不得不宣布涨价。

2．优点

明涨策略的优点在于让消费者感觉到买得实惠，获得满足感。如果不是因为成本上涨而被迫使用明涨策略，那么明涨就是商品力、品牌力提升的表现。

3．风险

明涨策略很可能会导致客流量减少，成交量下滑，进而导致企业亏损。当然，这也和消费者心理有较大关系，例如，有时价格上涨反而会让消费者抢购，商家利用这样的心理出货。这也是风险变成优点的表现之一。

6.7.5 暗涨策略

暗涨策略，即指导价维持不变，但成交价上涨，商品促销减少，虽然没有明显让消费者感觉到涨价，但其实消费者买到的商品比之前贵了。暗涨策略的价格轨迹如图 6-13 所示。

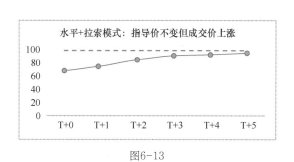

图6-13

1．适用范围

暗涨策略适用于通过让利引流等大力促销，商品流量相对稳定后，再逐步减少促销，提高利润的情况。品牌力和商品力都非常强的企业常常采用此策略。同时此策略也适用于商品成本上涨，不便上调指导价的情况，此时可通过减少促销来提升成交价。

例如，由于芯片等原材料价格上涨，不管是汽车、手机、计算机、空调、电视还是其他电子产品，都在努力降成本，但是都没有办法抵消原材料价格上涨造成的成本上涨，所以很多企业采取的措施之一就是减少促销。可以明显看到 2022 年 "6·18" 的活动力度较往年大幅下降，往年空调降价 1000～1500 元的情况比比皆是，然而某一线品牌的空调价格在 2022 年只有 300～500 元的让利，有些商品甚至还不降价。

2．优点

暗涨策略的优点有以下两点。

+ 让企业有一定的弹性空间，通过减少促销，可以抵消部分成本上涨，减少企业亏损。
+ 如果有稳定的销量做支撑，企业的利润会随着价格上涨而提高。

3. 风险

只能在行业内出现成交价普涨的时候实施此策略,因为此时"水涨船高",涨价不显眼。否则可能会导致销量下滑,除非企业品牌力和产品力非常强。

6.7.6 明平策略

明平策略,即指导价和成交价是一个价格,且维持不变,商品也没有促销,也称"一口价"策略。商品在迭代过程中,可能会增加配置、服务等,但是价格一直不变。明平策略的价格轨迹如图 6-14 所示。

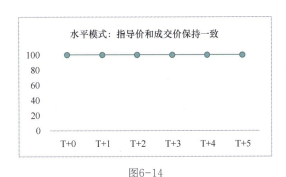

图6-14

1. 适用范围

明平策略适用于品牌力和商品力非常强、在市场中处于绝对领先地位的企业,因为这类企业市场定位精准,而且市场认可度也非常高。

2. 优点

明平策略的优点有以下两点。

- 对企业来说可以稳住自己的品牌价格能力,提高消费者对企业的品牌忠诚度,让消费者与企业间的黏性更强。
- 对消费者来说,价格稳定的商品便于做消费对比。

3. 风险

明平策略的风险主要有以下两点。

- 价格的一致刚性(不变)不利于市场竞争,不能给消费者更多的实惠;同时让竞品容易以低价进入市场,逐步吞噬自己的市场份额。
- 市场环境发生较大变化且成本大幅上涨,将导致企业的盈利下降。

6.7.7 暗平策略

暗平策略,即维持指导价与促销一直不变,让成交价维持稳定,可以理解为成交价的"一口价"策略。商品在迭代过程中,可能会增加配置、服务等,但是价格一直不变。暗平策略的价格轨迹如图 6-15 所示。

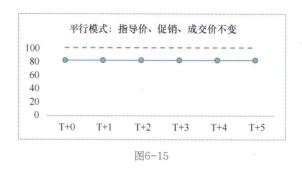

图6-15

1. 适用范围

暗平策略适用于品牌力和商品力非常强、在市场中处于绝对领先地位的企业。

2. 优点

暗平策略的优点有以下 3 点。

+ 对企业来说可以稳住自己的品牌价格能力,提高消费者对企业的品牌忠诚度,让消费者与企业间的黏性更强。
+ 对消费者来说,价格稳定的商品便于做消费对比。
+ 在市场环境原因导致成本大幅变化时,可以通过促销手段使指导价回升,有助于提升价格能力。

3. 风险

暗平策略的风险与明平策略类似,主要有以下两点。

+ 价格的刚性不利于市场竞争,不能给消费者更多的实惠;同时让竞品容易以低价进入市场,逐步获得市场份额。
+ 当市场环境发生较大变化且成本大幅上涨时,企业的盈利将会下降。

6.7.8 明混策略

明混策略,即让指导价与成交价相同,属于"一口价"策略,价格随环境、时间、事件等因素的变化上涨、下降。明混策略的价格轨迹如图 6-16 所示。

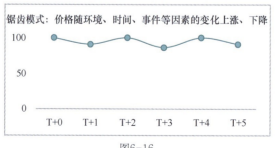

图6-16

1. 适用范围

明混策略一般适用于大批量生产商品的零售企业、电商或稀缺资源门店，明混策略可以让消费者明显感受到价格下降，从而使流量上升。

例如，农历七月初七是我国的七夕节，某黄金首饰店在这天对黄金首饰做让利活动，活动当天每克黄金价格从 600 元直接下降到 580 元，活动截止后恢复到 600 元；"双 11"再次做让利活动，价格直接下降到 560 元，活动截止后恢复到 600 元。

2. 优点

通过价格下降，让消费者获得实惠，可以带来成交量大幅上升，获取更多利润。

3. 风险

有些消费者熟悉商业模式和套路，平时不进店购买，等做活动降价时才会购买。

6.7.9 暗混策略

暗混策略，即指导价不变，但促销有变化，成交价随环境、时间、事件等因素的变化上涨、下降。暗混策略的价格轨迹如图 6-17 所示。

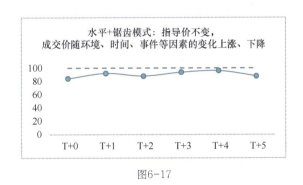

图6-17

1. 适用范围

暗混策略适用于几乎所有 B2C（Business to Customer，企业对用户）的行业和企业，应该说是目前在市场上最常见的策略。

2. 优点

暗混策略的优点在于指导价相对稳定，企业价格能力稳定，有助于品牌定位。使用该策略时，对于不同的环境、时间、事件有不同的促销活动，让消费者分不清到底哪个是最低价格，再加上导购引导，很容易成交。

3. 风险

暗混策略存在不明确的弹性，不同的区域、网点、业务员可能对价格进行暗箱操作。并且，暗混策略在不同的促销中差异较大，会让消费者产生不信任感，观望情绪增加。

> **提示**
>
> 商品生命期定价策略的选择主要根据企业的品牌力、商品力,以及环境、事件、时间等因素综合而定。上述 8 种策略可以单一应用,也可结合应用。

6.8 尾货定价策略

尾货是指在生产和流通过程中产生的,在功能、安全性等方面符合国家相关标准的库存积压产品。尾货包括企业订单外生产的产品、由于某些原因订单被取消的产品、在流通过程中销售剩余的商品、在生命周期末端将被停产的产品,以及改款停售或被其他新商品替代停售的产品等。

企业需要对尾货进行清理、变现。如果尾货清理不及时或不妥当,则会导致新品与旧品直接出现"撞车"的情况,扰乱市场秩序,因此,必须做好新品与旧品之间的衔接工作。

在为尾货定价时,常用象限分析法来进行分析,如图 6-18 所示。

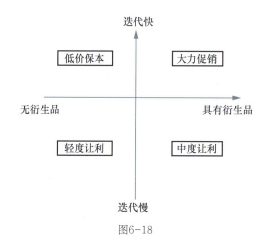

图6-18

从图 6-8 中可以看到,尾货的定价策略有 4 种,下面分别进行解释。

1. 大力促销

大力促销策略适用于迭代快,而且具有衍生品在等着销售的尾货,例如手机或其他电子产品等。在"双 11"或者在开学季,商家往往会上市新款,那么旧款应该在此前进行大力促销,最好在新款上市前就销售完毕。

又比如汽车行业的销售旺季为"金九银十",那么在七八月就应该开始对尾货进行大力促销,在销售旺季到来前把尾货清理干净,为新款上市让道。

2. 低价保本

低价保本策略适用于迭代快,而且无衍生品的尾货,也就是这款商品以后不会再有改款,这样的款式或商品在市场上几乎不再销售，而将被新生代的产品替代。

这样的尾货留在手里就是"烫手的山芋"，所以应该赶紧找备件市场、大客户等商谈清理尾货方案。此时就不要再期望高利润，而应采用低价保本策略，让资金快速回笼。

3. 轻度让利

轻度让利策略适用于迭代慢，而且无衍生品的尾货，例如家里用的菜刀、勺子等，这样的商品迭代慢，一件可以用好多年。如果企业不想做衍生品，那么尾货清理不一定要给出低价，适当地让利后把商品放在店里逐步消耗库存。当然，如果需要立即回笼资金，则可以考虑集中打包销售给电商。

4. 中度让利

中度让利策略适用于迭代慢，而且具有衍生品的尾货。迭代慢说明商品的生命力较强，虽然存在衍生品，但是上一代产品还是在市场比较受欢迎，所以就适当地让利，消耗完库存后再上新，新品上市会带来更多的流量和利润。

6.9 商品定价数字技巧

在为商品定价时，有很多数字技巧。什么是数字技巧呢？数字技巧就是利用消费者对数字的感觉制定容易被消费者接受的价格，例如 666 元、168 元、9.9 元这样的价格。商品定价经常用到的数字技巧有以下 5 种。

1. 符合场景式定价

价格符合特殊的场景，消费者买单时心里也会舒服，例如婚纱定价为 1314 元，象征着"一生一世"，容易被消费者接受，反之如果婚纱定价为 1414 元，那么大概率不会被消费者接受。其他如玫瑰花定价为 52.0 元、钻石戒指定价为 99999.99 元等，其原理都是类似的。

2. 数字 9，让人感觉便宜

不让消费者感觉价格高，就要以 9 收尾。例如一款手机，定价为 1999 元和 2001 元，虽然实际价格只差 2 元，但从消费者的价格认知来看，1999 元要比 2001 元低不少，远远不止 2 元的差距；此外如网课折后价为 9.9 元、年夜饭为 799 元等，其原理都是类似的。

3. 数字 6，让人感觉很顺

保险套餐定价为 666 元，让消费者联想到"六六大顺"；健康体检套餐定价为 966 元，让消费者有种"长久顺利"的感觉，这些价格容易被消费者所接受。

4. 数字 8，让人感觉"发发发"

我们常说"要得发，不离 8"，例如商品折扣通常为 8 折、88 折、68 折；商品房折扣有 98 折等。几乎不会有人用 74 折。

一家日用杂货品店在某电商平台销售商品,为了好记账,以每件1元的价格销售,可消费者并不踊跃。后来店主降价2分钱,价格变成9角8分。想不到就是这2分钱之差竟使局面陡变,消费者络绎不绝,成交量在1周内就突破10万。店主在欣喜之余,不由得慨叹:"只降2分钱,没想到效果这么好。"

实践证明,"非整数价格法"确实能够激发消费者的心理呼应,获得良好的经营效果。因为非整数价格虽与整数价格相近,但它给予消费者的心理信息是不一样的。

5. 整数法

某些商品对某些消费者来说,价格设定为整数可能更有诱惑力,因为部分消费者可由此获得某种心理层面的满足。

比如某汽车公司销售两款高档汽车,一款售价为95万元,一款售价为100万元,其实两款车的配置差不多,售价为95万元的汽车款式看上去还略好,结果售价为100万元的汽车反而卖得更多。这就是整数法的作用。

第 7 章
商品销售数据分析与策略

商品销售数据是指有关商品销售、市场行为和消费者偏好的数据。它对于了解商品销售情况和消费者行为非常有用，对于营销策略的制定非常重要。

分析商品销售数据可以帮助企业了解客户需求、销售趋势以及市场行情，从而决定商品的开发、定价、营销等方面的策略。例如，企业发现某款商品的销售量不断下降，可以考虑采用调整价格、改进设计、改变营销策略等方式应对。

7.1 电子商务数据分析

去年,某企业经理向笔者诉苦,他们公司生产了一百多种零食在网上销售,只有十几个品种卖得较好,其余品种的销售情况都不是很理想,公司的压力很大,问笔者有没有什么解决办法。笔者告诉他,如果产品质量没有问题,那就一定要从销售数据中寻找原因。

7.1.1 什么是电子商务数据分析

当客户在电子商务网站上有购买行为,就会留下交易信息,例如购买时间、购买商品、购买数量、支付金额等。商家对这些交易信息进行分析,可以估计每位客户的价值,以及针对每位客户分析扩展营销的可能性,以发现销售过程中的问题,从而指导营销、优化管理指标、提升业绩。

电子商务相对于传统零售业来说,其最大的特点就是一切都可以通过数据来分析和改进。通过数据可以看到客户从哪里来、如何组织产品可以实现很好的转化率、投放广告的效率如何等信息。基于电子商务数据分析的每一点努力,都能提升盈利能力,所以电子商务数据分析尤为重要。

电子商务数据可以通过以下方式获得。

- 客户信息:通过客户注册、登录电子商务网站的行为或其他联系方式获得客户信息。
- 产品信息:从制造商或供应商处获得产品信息,或通过爬虫技术从网站获得。
- 交易信息:通过跟踪客户的购物行为和交易记录获得交易信息。
- 网站分析:使用网站分析工具,获得关于网站访问者的信息。
- 调查问卷:通过在网站或应用程序上的调查问卷获得相关信息。

获得电子商务数据之后,就可以对其进行分析了。

7.1.2 使用杜邦分析法剖析电子商务数据维度

杜邦分析法通过分解投资回报率(Return On Investment,ROI)了解企业的盈利能力和资产利用效率。杜邦分析法的中心思想:ROI 由 3 个因素决定,即利润率(毛利润与销售额的比例)、资产利用率(销售额与总资产的比例)和资本结构(债务与资产的比例)。如果企业的 ROI 较低,使用杜邦分析法可以帮助企业识别原因,并采取适当的措施改进。

就电子商务行业而言,也可以利用杜邦分析法对销售额进行分解,找出影响销售的关联因子,解析出每个因子的关联子因子,层层分解,直到最末端。

首先,我们要了解电子商务的指标分类,这些指标大概可以分为以下 4 类。

- 流量指标:包括页面浏览量(Page View,PV)、独立访客(Unique Vistor,UV)、新访客数、结算量、下单量、回头客、收藏量等。
- 转化指标:主要包括复购频次、回头率、结算率、下单率、加车率、收藏率等。

- 价格指标：主要包括平均单价、指导价、折扣率、结算价、销量占比等。
- 质量指标：包括跳出率、站点平均在线时长、PV/UV（访客平均浏览量）等。

> **提示**
>
> 质量指标的好坏主要取决于网站、页面、视频等元素的质量高低，比如，页面质量高，内容吸引眼球，客户就算无心消费也会在页面多逗留，这起码可以提升品牌的认知度。

这里对几个重要指标的含义进行简单的解释。

- UV：就是指一天之内有多少不同的客户访问了网站。UV 能比 IP 地址数更真实、准确地反映客户数量。
- PV：客户访问网站时每打开一个页面，就记为 1 个 PV，同一个页面被访问多次，PV 也会累积。一个网站的 PV 越高，往往说明这个网站的知名度越高，内容越受客户喜欢。
- 网站平均访问时长 = 总访问时长 / 访问次数。
- 页面访问时长 = 页面总访问时长 / 页面访问次数。

销售额可以分解为结算量乘平均单价，结算量可以分解为下单量乘结算率，平均单价又可以分解为结算价乘销量占比。如此层层分解，可以得到销售额分解结构，如图 7-1 所示。

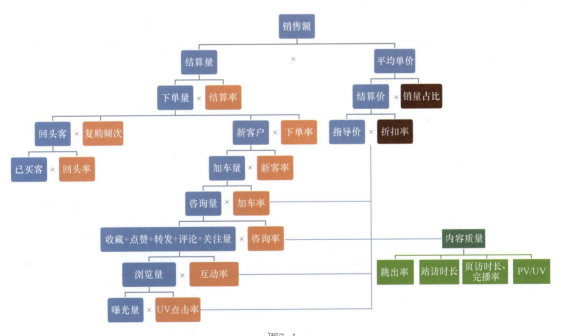

图7-1

销售出现问题的企业可以根据图 7-1，按照杜邦分析法进行逐个关联因子的分析，看问题究竟出在哪里。哪个指标出了问题？哪个关联因子影响了销售额？还有哪些数据可以优化？

对于出现问题的指标，找出解决问题的方法并落实，就有可能实现既定的销售额目标。

7.1.3 使用漏斗分析法分析流量与成交量关系

漏斗分析法是一种评估销售流程和客户购买行为的分析方法。例如，在电商领域，从产品曝光到最终成交（有时还算上回头）有多个环节，客户在每个环节都可能会流失。将每个环节相比上一个环节的流失率绘制成图，则形似一个漏斗，漏斗分析法因此而得名，如图 7-2 所示。

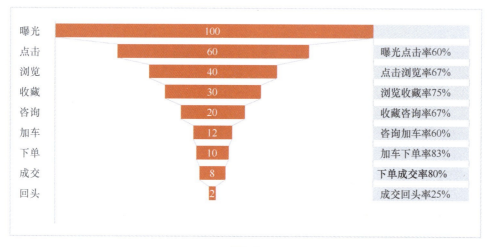

图7-2

漏斗分析法的目的是通过衡量成交量与浏览量之间的比例关系，提高流量，改善转化率，进而提高成交量；同时通过漏斗分析法也可以发现转化率出现问题的环节，从而针对问题进行改善。其分析要点是对比成交量与浏览量，看成交与浏览量基数及转化率的关系。

> **提示**
>
> 基数是比率指标中的分母绝数量。例如，成交率 = 成交量 / 浏览量，这里的分母，就称为基数。换一个角度来看，成交量 = 浏览量×成交率，如果成交量低，要么是因为成交率低，要么是因为浏览量基数小。

例如，漏斗分析法显示客户在加入购物车（加车）环节流失较多，那么就可以评估加入购物车页面的客户体验，是否把商品卖点都宣传到位了，分析为什么客户将商品加入购物车而不下单，得出结论并采取适当的措施提高转化率。

【案例】成交量低的真正原因是什么

某品牌电饭锅生产商家在某电商平台做直营，也开通了直播营销，目的是通过直播吸引关注，提高流量，最终提升销售额。其各项指标的各月表现如表 7-1 所示。

表 7-1

指标	1月	2月	3月	4月	5月	6月	7月	8月	9月	10月	11月	12月
浏览量/次	28300	27300	23900	20700	29700	24200	24900	20400	25600	21200	25700	27500
收藏量/次	10400	11000	11000	13600	11200	16500	13300	15100	10500	17900	14100	16200
加车量/次	8500	7900	8700	6000	8500	7300	7600	6900	6600	6100	8000	6900
成交量/次	2900	3800	2100	2600	3800	3900	3200	1400	3200	1400	4600	3500

我们结合浏览量、成交量，采用占比分析法进行分析。为了更直观地呈现分析结果，这里将之绘制为柱形图，如图 7-3 所示。

图7-3

从图 7-3 中可以更直观地看出每月的浏览量、成交量，以及浏览成交率与平均浏览成交率之间的关系，8月和10月成交量低，主要是因为浏览成交率低得只有 6.9% 和 6.6%，远低于平均水平 12%；4月的浏览量与 8月和 10月相近，但是 4月成交量达到 2600，转化率在平均水平之上。

接下来分析各个环节的转化率，看看每个环节中是哪个环节出了问题。将分析得出的浏览收藏率、收藏加车率和加车成交率分别绘制折线图，如图 7-4 所示。

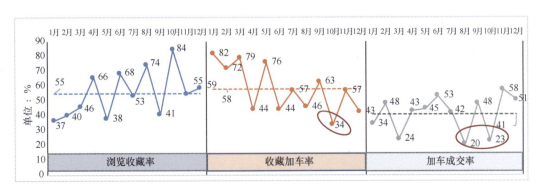

图7-4

从图 7-4 中可以看出，8 月和 10 月商品的浏览收藏率还是不错的，都在平均水平，但收藏加车率、加车成交率都大幅低于平均水平。后来，营销总结发现 8 月、10 月直播次数相对较少，客户满意度不高，还有几次客户投诉和差评，这些是导致收藏加车率、加车成交率不高的主要原因。因此，公司改进了工作方法，提升了客户满意度，销售状况有了明显改善。

> **提示**
>
> 做分析时不能单纯只看结果，要看结果背后的逻辑，挖出最根本的原因，根据原因找问题、想对策。使用漏斗分析法，可以把数据按小时、天、周等周期进行分析，周期主要根据商品的生产周期和销售节奏来选择，适用的才是最好的。

7.1.4 使用回归分析法分析搜索量与成交量关系

回归分析法是统计学中的一种方法，用于预测一个连续变量与一个或多个其他变量之间的关系。回归分析法的基本思想是通过对历史数据进行统计分析，建立分析模型，以预测未来变量的取值。回归分析法通常用于市场调研、财务预测、经济学研究等领域。

在电子商务销售过程中，客户来源主要是各种信息渠道，比如关键词搜索、引流（广告、直通车等）；在实体店销售过程中，客户主要来源于口碑吸引、地推、招揽、客推等方式。

使用回归分析法，可以根据历史成交量与历史搜索量或进店量的数据关系，结合当前的搜索量或进店量推算成交量。分析的要点在于推导出成交量与搜索量或进店量之间的关系公式，根据已知量得出未知量。

【案例】用回归分析法构建分析模型，巧用搜索量预判成交量

某手机品牌厂商发布了一款新品手机，代号为 M-Plus，其目的是与代号为 H-Pro 的竞品手机竞争，而 H-Pro 在 6 个月前已经上市，市场部获取了竞品手机 H-Pro 在 1～6 月的搜索量和成交量数据，并估算了 H-Pro 在 7～12 月的搜索量和成交量以及 M-Plus 的搜索量数据，如表 7-2 所示。

表 7-2

指标	1月	2月	3月	4月	5月	6月	7月	8月	9月	10月	11月	12月
H-Pro 搜索量/次	69000	63000	99000	92000	67000	66000	51000	77000	90000	99000	85000	54000
H-Pro 成交量/次	12500	14000	16000	14000	13000	10500	13000	12000	15000	17000	16000	12000
M-Plus 搜索量/次							45000	40000	60000	75000	65000	75000

现在公司要求市场部进一步预测成交量以指导生产排产。公司希望生产量既不能太大也不能太小，因为生产量太大会产生库存、占用资金，而生产量太小会出现缺货，导致客

户流失。市场部采用回归分析法分析竞品手机 H-Pro 的搜索量与成交量数据，结果如图 7-5 所示。

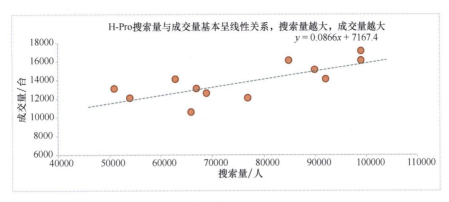

图7-5

将 H-Pro 的搜索成交率逐月计算出来，再代入 M-Plus 的搜索量，就可以预测出 M-Plus 的成交量。也可以将 H-Pro 的平均搜索成交率计算出来，用于预测 M-Plus 的成交量，如表 7-3 所示。

表 7-3

指标	1月	2月	3月	4月	5月	6月	7月	8月	9月	10月	11月	12月	合计
H-Pro 搜索成交率	18%	22%	16%	15%	19%	16%	25%	16%	17%	17%	19%	22%	
M-Plus 预测成交量/次							11064	10631	12363	13662	12796	13662	74178
M-Plus 预测成交量（按 H-Pro 平均探索成交率）/次							8550	7600	11400	14250	12350	14250	68400

市场部结论：按回归分析法预测，M-Plus 在 7～12 月预计最高销售 7.4 万台，最低销 6.8 万台。市场部给出的建议是生产 7.1 万台手机（取中间值）。

> **提示**
>
> 回归方程是通过显示公式得来的，回归方程不仅有线性模式，还有对数、指数、多项式模式，读者可根据需要自行选择。在实战分析中，要把异常数据删除，对数据做修正。如果每日数据波动大，就采用每月数据来减少波动。如果没有规律可循，则采用均值法，把最大值和最小值去掉，然后对数据进行算术平均或加权平均。

7.1.5 商品销售结构分析

结构分析法一般用于对销售等数据结构的分析，通常有 5 个步骤：收集数据、分析数据、建立关系、发现规律、制定措施。

使用结构分析法分析销售结构，可以评估公司销售渠道、客户结构、销售额分配等方面的信息，目的是了解公司的销售情况，以找出公司销售中存在的问题并寻找改进的机会。如果用于分析商品，则可根据商品成交量、成交额等分析出商品结构，从而指导销售、生产，同时也针对可改善影响业绩的因素给出指导性建议。

商品销售结构分析的要点在于，应按商品的销量、销售额、销售区域、特性等进行分类，抓住主要矛盾，得出绝对值和相对比例。结构分析法常与排序分析法联用。

例如，对某企业的商品按销量降序排列后可以一目了然地看出哪些商品销量高，其占比是多少，如表 7-4 所示（保留一位小数，因对各百分比数值进行了四舍五入，故占比之和有可能不恰好等于 100%，下同）。

表 7-4

商品代号	销量/台	占比
A001	15500	73.6%
A002	3500	16.6%
A003	1000	4.7%
A004	600	2.8%
A005	300	1.4%
A006	100	0.5%
A007	50	0.2%
A008	6	0.0%

也可以按照商品在不同区域的销量来排序，然后根据排序结果绘制出图形，则可以使数据更加直观，如图 7-6 所示。

区域	销量/台	占比
北京	12000	64.0%
上海	3500	18.7%
重庆	2000	10.7%
江西	800	4.3%
山东	300	1.6%
湖北	100	0.5%
江苏	50	0.3%
厦门	6	0.0%

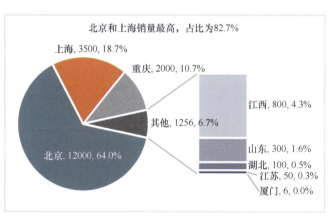

图7-6

接下来可以进行总结，如销量高与销量低的商品区别是什么；销量高的区域与销量低的区域形成的原因是什么；除去区域规模的影响，在营销方法、受众人群等方面的做法有没有需要改进的地方；等等。

7.1.6 使用结构分析法分析渠道数据

使用结构分析法分析渠道数据,其目的是分析客户从哪些渠道来,从而针对主要渠道进行资金投入、做活动或广告宣传,提升销售业绩。

【案例】双 11 促销渠道数据分析

某图书的内容很好,也不是令人望而生畏的"大部头",但是为什么"双 11"期间的销售情况不是很好呢?想要找出原因,可使用结构分析法进行分析。分别统计该图书的访客来源、访客量、访客量占比以及该类图书的访客来源、总访客量、占总量比,如表 7-5 和表 7-6 所示。

表 7-5

排名	访客来源	访客量/次	访客量占比
1	购物车	3206	49%
2	手淘搜索	1803	27%
3	超级推荐	803	12%
4	淘宝金币	405	6%
5	直通车	300	5%
6	手淘旺信	60	1%
7	淘宝客	18	0%

表 7-6

排名	访客来源	总访客量/次	占总量比
1	购物车	58034	6%
2	手淘搜索	46203	4%
3	超级推荐	35022	2%
4	淘宝金币	3452	12%
5	直通车	5675	5%
6	手淘旺信	3644	2%
7	淘宝客	454	4%

从表 7-5 中可以看到,访客量占比中购物车、手淘搜索、超级推荐合计 88%,意味着其他渠道几乎没有什么贡献,直通车、手淘旺信和淘宝客这 3 个渠道的推广需要做改善。

从表 7-6 中可以看到,该类图书的总访客量相对较大,也就是基数较大,但是该图书访客量占总量比较小,那就说明在渠道上出了问题,必须采取加强内容推广、引流,以及提升加车率等措施。

7.1.7 使用相关因素法分析客户活跃度

相关因素法主要用于分析两个或多个变量之间的关系。就电子商务而言,如果客户不活跃,必然会导致浏览量、成交量下降,哪怕短期内没有出现下降,但长期一定会有影响。此时可以使用相关因素法分析商品成交量的持续性,这是一个前置性指标,还可以通过活跃度判断是否会成交,从而采取相应策略实现成交。

相关因素法的分析要点主要集中在活跃基数、活跃率、在线时长、启动次数、浏览量等因素,常与趋势分析法联用。

假如某人一天上网 1 小时,其中有 0.5 小时在逛淘宝,这 0.5 小时中有 0.2 小时在浏览化妆品,浏览的化妆品价格在 500～800 元,而且最近 7 天有 3 天在浏览,那么这个人就是活跃客户,如果我们能增加新客户活跃基数,就可以提升成交量。通过这个例子,可以得到一个公式,如图 7-7 所示。

图7-7

其中：

- t 表示每天浏览商品时长；
- T 表示每天总浏览时长；
- D 表示一个周期内的浏览天数；
- W 表示周期天数，一般用 7 天或 30 天。

活跃度高说明客户成交的概率高，这个信号非常重要。因此，一方面要从电子商务数据中识别活跃度高的客户，另一方面要通过曝光量和点击率来增加活跃基数，从而提高成交量。

点击率也是客户活跃度指标之一，如果点击率太低，那就说明我们的产品吸引度不够、宣传页面没有吸引力、亮点不足。例如，某商品一年以来的点击率逐渐下降，如图 7-8 所示。

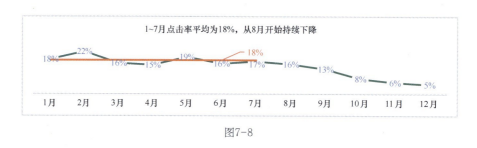

图7-8

从图 7-8 中可以看到，1～7 月的点击率基本都围绕着平均值 18% 上下波动，还算正常。但 8 月开始点击率就逐月下降，这说明客户活跃度下降了，需要寻找原因进行改善。

7.1.8 客户贡献度分析

不同客户对企业的贡献度是不同的，对企业而言，客户也分等级。优质客户是指具有高频率的购买行为、较高的购买量、良好的付款记录的客户。这类客户通常有更长的客户寿命和更高的价值，对公司的利润增长有积极贡献。

从不同维度分析客户贡献度，找出优质客户，针对这类客户提升服务水准，进而提升销售业绩，为企业创造更多的利润。分析客户贡献度，其要点在于先对客户进行分类，如分为新、老客户，或按所在区域分类，再按销售数据（销售量、销售额、增值率等）进行分析。分析通常采用排序分析法、结构分析法和对比分析法。

客户贡献度分析主要从客户的销售量、销售额占比进行，也可以进行对比分析，如对某区域的新、老客户进行对比分析。分析一般可以从以下 4 个维度进行。

- 新、老客户对比分析：对销售量、销售额占比进行对比分析，同时也可以对销售量、销售额的历史变化趋势进行分析，以便进行预测分析。
- 分区域对比分析：可以根据新、老客户的年龄段等，进行不同区域的对比分析，找出异常点进行改善，提升业绩。
- 分类别对比分析：先对商品进行分类，分为新品、老品、改款品等，再按客户性别、年龄等维度进行对比分析。
- 分渠道对比分析：根据商务渠道，进行不同渠道的客户类别分析，例如，喜欢线下进店咨询的多是老年人，而喜欢线上咨询和购买的多是年轻人。

对客户贡献度进行分析，不仅有助于提高客户的价值，也有助于企业做出明智的决策，如决定投资哪些资源以提高客户价值。客户贡献度分析还可以帮助企业识别贡献度高的客户群体，并采取措施吸引更多类似的客户。通过对客户贡献度进行分析，企业可以更好地了解客户需求和行为，并采取相应的策略，以提高销售额、客户满意度和客户忠诚度。

7.1.9 使用加权分析法分析人气指数与销量关系

加权分析法用于评估不同因素对总体结果的影响程度。在加权分析法中，每一个因素都会被分配一个权重，表示它对总体结果的影响程度。然后，把所有因素按权重计算，得到对总体结果的影响程度评估值。

在电子商务领域，可以使用加权分析法分析人气指数，从而预判销量。加权分析法的分析要点在于分析播放量、完播率、点赞量、转发量、评论数、关注量等因素，常与排序分析法联用。

比如某公司推出了一款新品手机。推广视频播放量为 5000 万次，完播率为 85%，点赞为 1.2 亿次，转发量为 2000 万次，评论数为 300 万条，关注量增加了 1000 万。如何衡量其人气指数高不高呢？由于不同的营销形式、不同的平台有不同的衡量规则，因此我们需要从一些常见的维度来进行归纳，如表 7-7 所示。

表 7-7

序号	维度	说明
1	互动次数	同类商品中，点赞量、转发量、评论数、关注量、收藏量越高的商品，人气指数越高
2	卖家信誉	同类商品中，卖家信誉越高的商品，人气指数越高
3	好评率	同类商品中，"（1－差评次数）/评论次数"的值排序越靠前的商品人气指数越高
4	浏览量	同类商品中，浏览量越高的商品排序越靠前（同一个 IP 地址只计一次），人气指数越高
5	成交量	同类商品中，成交量越高，排序越靠前，人气指数越高

在实际工作中，可以单独对各个维度的人气指数进行排序，也可以对自己比较关注的维度采用加权方式排序，也就是进行综合人气指数排序。例如我们对商品的点赞量、收藏量、好评

率、成交量这 4 个维度比较关注，那么可以使用商品本身的数据以及行业数据来进行加权计算，得到该商品的综合人气指数系数，如表 7-8 所示。

表 7-8

序号	维度	基数 / 万次	行业总数 / 万次	占行业总数比	权重	综合加权系数
		A	B	C=A/B × 100%	D	E=C × D
1	点赞量	100	1000	10%	30%	3.0%
2	收藏量	200	3000	7%	20%	1.4%
3	好评率（"占行业总数比"的值可直接取本商品的好评率）	—	—	98%	10%	9.8%
4	成交量	500	4000	13%	40%	5.2%
综合人气指数系数						19.4%

随后对同类商品的综合人气指数系数进行排序，结果如表 7-9 所示。

表 7-9

商品	综合人气指数系数	图形	综合人气指数系数排序
A	19.4%		2
B	17.6%		4
C	18.9%		3
D	22.3%		1
E	15.4%		5

> **提示**
>
> 以上维度仅供参考，在实际工作中用到的维度可能会多很多。

7.1.10 使用象限分析法理性决策投诉数据

象限分析法主要用于对产品、项目、客户、服务等进行分类和评估。象限分析法将分析数据按照一定的维度划分为 4 个象限，从而帮助企业进行决策。

企业常常会收到客户的投诉。众所周知，投诉必须尽快处理，否则带来的负面影响可能会越来越大，甚至发展到无法挽回的程度，给企业带来巨大的损失。我们可以利用象限分析法来分析投诉数据，研究到底是服务问题、质量问题、技术问题还是工艺等问题导致的投诉，便于有效、快速解决问题，提升客户满意度。

象限分析法分析投诉数据的要点为对投诉数据进行分类，结合投诉数量、紧急程度、成本投入等维度进行分析。象限分析法常与排序分析法联用。

【案例】某品牌手机的投诉数据分析

某品牌手机上市后,出现服务、技术、质量等问题。企业从回访平台拿到投诉数据后,首先将投诉数据分为服务、技术和质量3类,分析维度为成本投入、紧急程度和投诉数量,并按照紧急程度分类进行排序,如表7-10所示。

表 7-10

分类	问题	成本投入/元	紧急程度	投诉数量/次
服务	售后不接电话	1000	9	50
服务	软件直接扣费	240	6	6
服务	7天不退	200	3	2
服务	延迟发货	200	3	10
技术	突然黑屏	4800	10	8
技术	来电无声	3000	9	50
技术	手机发烫	2400	8	20
技术	闪屏	550	7	5
技术	无故重启	100	7	2
技术	机身发热	860	4	2
技术	Wi-Fi故障	100	3	1
技术	图片发黄	300	3	1
技术	App闪退	1300	2	13
质量	充电故障	3300	10	55
质量	听筒声小	300	10	20
质量	主板损坏	4000	5	5
质量	屏幕噪点	1000	5	2
质量	信号偏弱	200	1	1
质量	后盖开口大	100	1	2

将表7-10中的3类投诉数据分别使用象限分析法进行分析,其分析结果如图7-9、图7-10、图7-11所示。图7-9中横坐标表示成本投入,纵坐标表示紧急程度,气泡大小表示投诉数量,图7-10、图7-11类似。

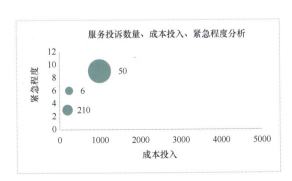

图7-9　　　　　　　　　　　　　　图7-10

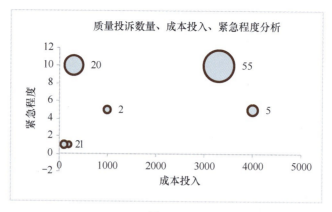

图7-11

面对图7-9、图7-10、图7-11这3个象限分析图,应该怎么分析呢?一般来说,对成本投入低、紧急程度高的问题(如技术问题中的闪屏、无故重启)应该先解决;有较高成本投入的问题,可以与客户进行沟通,说明这样的问题需要一定处理时间,得到认可后再仔细分析并解决,这样能够节约成本。此外还应该检查是否存在批量的一样的问题,争取一次性解决,避免后续产生较高成本的投入。

7.1.11 使用相关性分析法分析关注度与销量的关系

相关性分析法用于分析两个变量之间的关系。它可以确定两个变量之间是否存在线性关系,以及这种关系的强度和方向。通常使用相关系数来表示两个变量之间的相关性,相关系数的值介于 $-1\sim 1$,其绝对值越接近1,则表示两个变量之间的相关性越强。相关性分析法在电子商务中有重要的应用。

例如,可以利用相关性分析法来分析商品关注度与销量的关系,以发现并解决问题。相关性分析法常常与平均系数法联用。

【案例】哪个因素对汽车的销量影响最大

某汽车公司欲分析竞品,于是从某汽车平台采集到一些数据(本案例中的数据为虚拟数据,仅用于演示),如表7-11所示。

表 7-11

排名	车型	指导价/万元	关注度/次	网友口碑/分	油耗/L	某月销量/台	转化率
1	A	10.09～15.99	2912347	84	9.61	39054	1.3%
2	B	9.98～17.49	2322571	83	9.70	43392	1.9%
3	C	10.98～15.98	2298217	83	8.91	24167	1.1%
4	D	12.99～15.89	2267923	80	8.69	22100	1.0%
5	E	12.79～17.29	2267197	91	9.46	14360	0.6%
6	F	9.88～15.70	2146417	82	9.47	29182	1.4%
7	G	12.98～22.98	1832851	87	9.07	8107	0.4%

续表

排名	车型	指导价/万元	关注度/次	网友口碑/分	油耗/L	某月销量/台	转化率
8	H	12.99～18.79	1628779	84	9.25	16800	1.0%
9	I	20.31～24.97	1514863	64	7.89	8762	0.6%
10	J	7.29～10.39	1513411	73	9.26	14940	1.0%
11	K	11.18～15.28	1485031	51	8.44	16881	1.1%
12	L	10.88～15.28	1332901	89	10.37	1592	0.1%
13	M	6.28～12.98	1268287	30	9.01	3042	0.2%
14	N	11.59～18.99	1153909	67	8.08	4751	0.4%
15	O	11.37～15.27	1094707	70	9.77	10629	1.0%
16	P	8.39～9.99	1020193	92	10.41	800	0.1%
17	Q	10.99～15.79	1019929	77	9.71	601	0.1%
18	R	8.79～11.28	1003957	54	7.93	7299	0.7%
19	S	14.99～18.99	886015	70	9.15	10717	1.2%
20	T	8.99～12.29	851563	70	9.00	4628	0.5%
21	U	10.57～15.97	849253	83	10.60	6794	0.8%
22	V	10.38～13.98	793351	76	11.69	1615	0.2%
23	W	13.68～25.68	788863	70	9.95	4077	0.5%
24	X	6.79～9.99	774937	70	9.05	9152	1.2%
25	Y	9.58～14.58	751903	70	8.08	479	0.1%
26	Z	5.99～8.58	733093	70	8.94	8665	1.2%
27	AA	21.48～25.44	729463	70	10.00	6800	0.9%

首先对数据之间的关系做相关系数分析，结果如表 7-12 所示。

表 7-12

	指导价	关注度	网友口碑	油耗	某月销量
指导价	1				
关注度	0.04	1			
网友口碑	0.11	0.37	1		
油耗	－0.04	－0.11	0.45	1	
某月销量	－0.02	0.84	0.25	－0.10	1

> **提示**
>
> 相关系数分析可以通过单击 Excel 菜单中的"数据"选项卡下的"数据分析"按钮，在弹出的对话框中选择"相关系数"选项来实现。

从表 7-12 所示的相关系数分析结果可以看出，某月销量与关注度的相关系数为 0.84，也就代表相关性非常强。为了更好地理解，我们将关注度、油耗、网友口碑、指导价与某月销量的相关性绘制为图表，可得到图 7-12、图 7-13、图 7-14 和图 7-15 所示的直观图形。

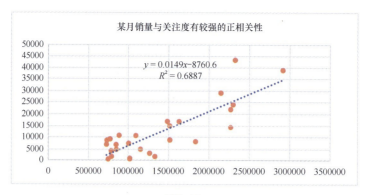

图7-12

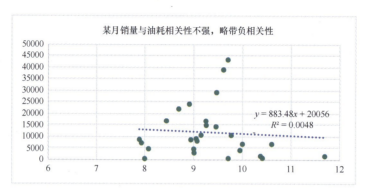

图7-13

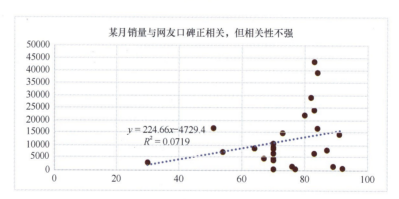

图7-14

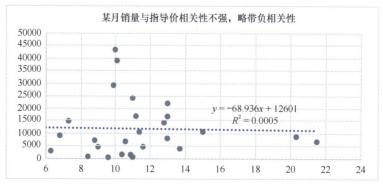

图7-15

从图 7-12、图 7-13、图 7-14 和图 7-15 中可以得到结论：关注度与某月销量的相关性最强，高达 0.84，而且是正相关，其他因素与某月销量存在弱正相关或负相关关系，说明关注度对某月销量的影响最大。

此外，这 27 款竞品的平均转化率为 0.89%，有一些车型的转化率低于平均转化率，说明它们的商品力或品牌力有问题。如果它们的品牌知名度很高，那就说明在商品定价、配置或销售等方面存在很大不足。

如果该汽车企业准备上市一款新车，那么可以借用关注度与某月销量的关系公式来推算大概的销量。关注度与某月销量的关系公式为：

$$y = 0.0149x - 8760.6$$

$$R^2 = 0.6887$$

假设新车当月关注度为 800000，那么预计当月可以销售 3159 台，计算过程如下：

$$预计销售量 = 0.0149 \times 800000 - 8760.6$$

> **提示**
>
> 当然，预计销售量可能不会立即达成，会有一定的滞后，比如本月关注度高，可能在下月才会卖得好，甚至经过 3~6 个月才有体现，这都是合理的。

7.2 销售数据分析

销售数据是企业决策的重要依据，它不仅可以帮助企业识别问题，还可以帮助企业制定有效的解决方案。要改善经营状况和提升盈利水平，销售数据分析是必须要做好的功课。

7.2.1 什么是销售数据分析

销售数据分析包括实际销售数据分析和预实数据分析。其中，实际销售数据分析主要分析销售数据的结构；预实数据分析主要分析实际的销售量、销售价、销售额等数据与预计数据的差异，其目的是检验实际数据与预计数据是否一致，分析偏差并找出原因，寻找对策进行改善，使企业向着既定的经营方向前进。

7.2.2 使用对比分析法找出预实数据的问题

企业的营销不能仅凭直觉做决策，因为企业的经营不能如此随意，对于规划和预算，同样不能随意对待。因此我们需要对预实数据进行分析，检验实际数据与预计数据的偏差，发现问题，找出原因，寻找对策。

预实数据分析的要点通常包含销售量、销售价、销售额、商务费用，以及投资、运输费用等，常用分析方法包括排序分析法、结构分析法及对比分析法等。

这里先明确一个概念，即预实达成率。预实达成率等于实际数据除以预计数据，其计算公式为

$$预实达成率 = 实际数据 \div 预计数据 \times 100\%$$

【案例】某芯片公司销售额预实数据分析

某芯片公司推出一款全新的芯片，代号为 A9000，较上一款 A8000 处理性能提升 40%，算力大大提高。公司为此做了大量的宣传，并提前让部分客户试用，客户反映该芯片的性能确实非常好。

该公司给项目组确定了销售目标，并表示半年后要对项目组进行绩效评估，并对销售做得好的地区、人员进行奖励。最终，每月的实际销量与预计销量如图 7-16 所示。

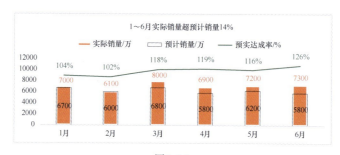

图7-16

预实数据分析结论：每月实际销量都超过预计销量，尤其是在 3~6 月，实际销量超预计销量 20% 左右；1~6 月累计超预计销量 14%，目标完成。

A9000 各地区销售情况如表 7-13 所示。

分析结果：武汉和成都地区销量增幅较大，主要是因为新能源汽车销量在两地增幅比较大；上海地区略微下降；杭州地区降幅明显，需要杭州地区销售人员提升销售能力。

A9000 主要销售人员的业绩情况如表 7-14 所示。

表 7-13

地区	A9000销量/万件	A8000销量/万件	增减量/万件	增速
北京	9600	9500	100	1%
上海	12200	12400	-200	-2%
武汉	5600	4300	1300	30%
成都	4900	3600	1300	36%
杭州	3400	3800	-400	-11%
南京	2500	2300	200	9%
其他	4300	4100	200	5%
合计	42500	40000	2500	6%

表 7-14

工号	名称	销量/万件	排名
A0084	小兰	8590	1
A0075	小慧	6350	2
A0384	小孟	4350	3
A0231	小明	3500	4
A0105	小科	2200	5
A0117	小罗	1050	6
	其他	16460	
合计		42500	

分析结果：前 6 名销售人员共计销售 26040 万件，约占总销量的 61%，为产品的销售立下了汗马功劳，应给予嘉奖。

> **提示**
> 其他如对销售费用、广告支出等数据的分析，在这里就不赘述了。

7.2.3 使用 ABC 分析法分析销售结构

ABC 分析法，又称帕累托分析法或主次因分析法，用于识别对系统产生重大影响的有限数量的因素。由于它把被分析的对象分成 A、B、C 这 3 类，所以被称为 ABC 分析法。在销售结构分析方面，它可以用于找出销售结构中占比最大的市场，以稳定市场销售；可以用于找出短板和潜力市场，分析原因，找出对策进行突破，提升销售业绩。

ABC 分析法的要点在于抓住主要矛盾或问题点，按主次关系进行分析，分析要点可以是销售量、销售额、销售人员奖励、销售费用、物流费用等。

我们继续用上一个小节案例中的数据来分析各地区销售情况，如图 7-17 所示。

图7-17

由图 7-17 可以得出结论：北京、上海两地区销量占比为 52%，成都和武汉两地区销量占比为 24%，这 4 个地区占比共 76%。因此，这 4 个地区是贡献销量的主要地区，它们的销售状况必须持续巩固。

7.2.4 使用趋势分析法分析行业份额数据

趋势分析法是一种用于识别数据变化趋势的方法。它通过观察数据的历史记录来预测未来的趋势，可以应用于各种类型的数据，如销售数据、市场数据、经济数据等。

企业的决策者不能仅关注企业内部的数据，还要关注行业数据，判断行业的大趋势，还要关注商品在行业中的份额变化，及时调整经营战略和战术。趋势分析法的分析要点为利用行业销售量、行业销售额、行业销售费用、行业物流费用等数据（月度数据、季度数据、年度数据，有需要时也可使用每日数据）来预测行业趋势。趋势分析法常与占比分析法和对比分析法联用。

【案例】预测新能源乘用车发展状况

从 2020 年开始，我国的新能源乘用车数量开始呈爆发式增长。2022 年国产新能源乘用车 1～7 月累计销售 278.6 万辆，同比增长 122.8%，如图 7-18 所示。从 2020 年到 2021 年的发展趋势来看，2022 年 8~12 月还会有较大幅度的增长。

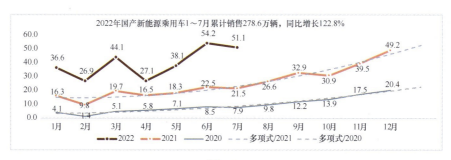

图7-18

其中，国产 BEV（Battery Electric Vehicle，纯电动汽车）2022 年 7 月销量为 38.5 万辆，PHEV（Plug-in Hybrid Electric Vehicle，插电式混合动力汽车）7 月销量为 12.6 万辆；2022 年 1~7 月国产 BEV 累计销量为 216.3 万辆，PHEV 累计销量为 62.2 万辆。2022 年 4 月销量降幅较大，5 月和 6 月逐步恢复正常，如图 7-19 所示。

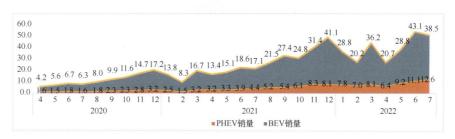

图7-19

从图 7-19 可以直观地看出国产 BEV 和国产 PHEV 销量逐年攀升，但 BEV 销量明显占优势，8～10 月还有应该还有较大增长空间。再分析二者的销量比例，如图 7-20 所示。

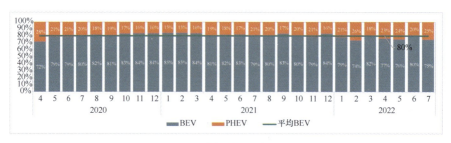

图7-20

从图 7-20 中可以看到，2020 ～ 2022 年国产 BEV 在国产新能源乘用车总销量中的占比基本维持在 80%，个别月份有小幅度波动。

从图 7-19 和图 7-20 中可以看出，国产新能源乘用车的销量总趋势是上升的，只要没有意外，这个趋势应该还会持续。由于国产 BEV 总体销量占优势，因此如果要开发新品投入新能源乘用车领域，则应该主要关注 BEV。

7.2.5 使用二八分析法分析质量数据

二八分析法是一种常用分析法，它假设一个事件的结果中有 80% 是由 20% 的因素带来的。比如一件产品 80% 的问题可能是由 20% 的部件故障造成，只要解决这个 20% 的部件故障就可以解决该产品 80% 的问题；某商品 80% 的销量是由 20% 的客户贡献的，加强对这 20% 的客户的公关工作，就能够提高销量。因此二八分析法就是一种抓住主要矛盾解决问题的方法。

在电子商务领域，二八分析法可用于分析质量数据，判断产品是否较对标商品有质量上的提升，也可以看出质量控制水平是否提升；还能发现质量问题的影响程度，以及时进行改善。其分析的要点在于对累计的质量数据进行分类，找出对质量影响程度较高的问题优先、快速地进行解决。其分析要素可以是产品质量、产品技术、产品工艺、服务质量、工作质量等。

例如商品 A 改款后，企业对改款前后的质量数据进行对比和对新商品故障累积占比进行分析，结果如图 7-21 所示。

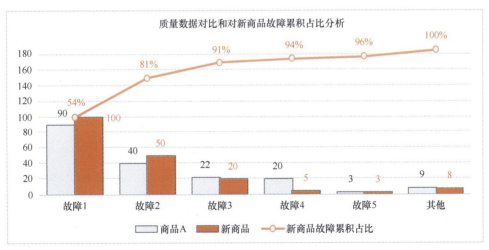

图 7-21

从图 7-21 可以看出，新商品的故障 1 和故障 2 在总故障数中占比为 81%，同时新商品的故障 1 和故障 2 比商品 A 的还多，说明新商品在设计和制造，以及质量管控方面出了大问题。

7.2.6 对比趋势监控价格能力

我们在第 6 章讲过，价格能力是商品在行业竞争中，同一竞争水平基础上的价格表现，价格能力强说明企业的品牌能力强。很多规模稍小的企业对商品的价格能力欠缺监控，价格依据竞争对手的竞品价格制定。其实价格能力是一个很重要的指标，对价格能力强的商品就可以相应地提高价格，而不必一定要与竞品看齐。价格能力强是企业获取高利润的一个因素。

监控价格能力的目的是从商品的价格能力变化趋势来判断企业的品牌力。其分析要点为对价格能力的预计与实际进行对比。常用分析方法为对比分析法与趋势分析法。

比如，有两个汽车品牌"欧马"和"斯拉"，分析机构研究了它们在 2016 ～ 2023 年的价格能力趋势，结果如图 7-22 所示。

图7-22

从图 7-22 中可以看到，欧马和斯拉汽车 2016 ～ 2020 年价格能力都在下滑，2021 年以后两个品牌的价格能力差距（PP.GAP）进一步缩小，而 2016 年的价格能力差距高达 12.3%。

7.2.7 使用敏感矩阵法进行价格敏感度分析

我们知道，价格波动（降价或涨价）会对销量、收益产生影响，这可以简单理解为价格弹性。价格弹性表明供求对价格变动的依存关系，反映价格变动所引起的供求的相应变动，即供给量和需求量对价格信息的敏感程度，因此又称供需价格弹性。

那些为了略微降价而去百货商店购买商品的人，我们称之为"弹性人群"；因为降价时百货商店太拥挤而不愿去购物的人，我们称之为"非弹性人群"。弹性人群是企业通过适当降价实行薄利多销策略的主要对象。

进行价格敏感度分析，不仅有助于提升商品促销的收益，更有助于企业在与零售商合作的过程中进行定价决策，还有助于企业分析是否应该独自承担降价带来的成本，以及如何与零售商分摊促销费用。该分析主要针对销量与价格的关系进行，分析方法为敏感矩阵法，即通过表格矩阵来寻找销量与价格的最佳平衡点。

要通过降价来提高销量，同时希望提升销售额，就可以从价格、销量、销售额 3 个维度进行分析。

假如，某商品原价格为 100，销量为 1000，降价 20% 后销量提升 20%，那么总销售额为 96000，降价前后的相关数据如表 7-15 所示。

表 7-15

项目	价格/元	销量/件	销售额/元
降价前	100	1,000	100,000
降价后	80	1,200	96,000
差异率	−20%	20%	−4%

从表 7-15 可以看出，降价后虽然销量提高了，但是销售额下降了 4%。那么，要怎样降价才能保证销售额大致不变甚至提升呢？这就要找到销量与价格的平衡点。要找到平衡点，就要利用敏感矩阵法来构建敏感矩阵。首先将由价格与销量组成的矩阵体现在表格上，如表 7-16 所示。

表 7-16

销量	各价格销售额/元					
	100 元	95 元	90 元	85 元	80 元	75 元
1000	100,000	95,000	90,000	85,000	80,000	75,000
1100	110,000	104,500	99,000	93,500	88,000	82,500
1200	120,000	114,000	108,000	102,000	96,000	90,000
1300	130,000	123,500	117,000	110,500	104,000	97,500
1400	140,000	133,000	126,000	119,000	112,000	105,000
1500	150,000	142,500	135,000	127,500	120,000	112,500
1600	160,000	152,000	144,000	136,000	128,000	120,000

所谓的平衡点，就是与原销售额 100000 差值最小的销售额。为了快速找到平衡点，将各销售额减去 100000，结果如表 7-17 所示。

表 7-17

销量	各价格销售额与 100000 的差值/元					
	100 元	95 元	90 元	85 元	80 元	75 元
1000	—	−5,000	−10,000	−15,000	−20,000	−25,000
1100	10,000	4,500	−1,000	−6,500	−12,000	−17,500
1200	20,000	14,000	8,000	2,000	−4,000	−10,000
1300	30,000	23,500	17,000	10,500	4,000	−2,500
1400	40,000	33,000	26,000	19,000	12,000	5,000
1500	50,000	42,500	35,000	27,500	20,000	12,500
1600	60,000	52,000	44,000	36,000	28,000	20,000

从表 7-17 可以看出，离平衡点最近的是差值为 -1000、2000 和 -2500 的 3 个销售额（表中为浅橙色的 3 个单元格）。这 3 个单元格对应的方案就是较优的方案：

- 价格降到 90，销量达到 1100；
- 价格降到 85，销量达到 1200；
- 价格降到 75，销量达到 1300。

如果我们的方案是降低价格、提升销量，但基本不影响销售额，那么我们就可以给出这 3 个方案让销售经理选择。

> **提示**
> 如果需要精准计算，可以把销量和价格再做细分，减少差值；或者使用规划求解的方式求出精确值。

> **练习**
> 假如某产品成本为 75，原价格为 100，原销量为 1000。为了占领市场，请给出降价且不影响销售额，同时把销量做到最高的方案。

7.2.8 使用 6B 法深度分析投放量与库存量关系

6B 法，主要指对同比、环比、对比、基比、占比、均比进行分析，在笔者拙著《Excel 数据分析方法、技术与案例》中有详细讲解。

6B 法可用于分析投放的商品是否在持续销售。因为有时候虽然商品投放到市场了，但是没有充分流转到消费者手中，而是存放在经销商的库房里，这会是一个"定时炸弹"，随时可能爆炸。因为在这种情况下，大量的库存占据了企业的资金，可能会导致企业资金紧张，甚至可能导致企业因资金链断裂而倒闭。因此，分析投放量与库存量关系是非常重要的。

6B 法的分析要点为将库存量和投放量进行比较，同时还要看单个指标的环比情况，因此 6B 法常与环比分析法及对比分析法联用。

> **提示**
> 投放量增加有时是假象，因为投放量仅代表经销商拿走了商品，但并不意味着商品到了消费者手里。

投放量就是商品销售后所开票的数量，通常是指生产厂家对经销商、网点开票的数量，并不代表消费者买到手里的商品数量。

比如，某厂 1～7 月的投放量与经销商库存量相关数据分别如表 7-18 和表 7-19 所示。

表 7-18

投放量	1月	2月	3月	4月	5月	6月	7月
当月投放量/件	1,090	1,380	1,360	1,400	1,950	1,300	1,390
环比增减/件	30	290	−20	40	550	−650	90

表 7-19

经销商库存量	1月	2月	3月	4月	5月	6月	7月
当月库存量/件	200	170	180	140	400	400	380
环比增减/件	5	−30	10	−40	260	0	−20

将上述两个表绘制为图形，可以更直观地看出环比增减情况，如图 7-23 所示。

图7-23

从图 7-23 可以看到，5 月投放量为 1950，环比猛增 550，但由于来不及消化，6 月投放量就急剧减少到 1300，环比减少 650，在图 7-23 中就表现为一个急剧向下的斜坡。单看投放量，会让我们产生错觉，误以为销售波动太大，以为 5 月销量大增（增加 550），6 月销量大减（减少 650）。其实不是，虽然 5 月销量有增加，但不是 550，而是 290，因为其中有 260 是经销商的库存增量。

> **提示**
> 同时也可以进行投放量与退货量、网点销售额与回款的数据分析，分析方法类似，这方面读者朋友可以多思考。

很多企业会每个月做关于库存量与投放量的分析，看库存量与投放量的变动情况，如果投放量减少了，或者库存量增加了，那就要查找原因，解决问题。

7.2.9 库存账龄分析

有时候，因为各种原因，库存商品可能长时间销售不出去。一般情况下，商品存放越久，贬值的风险越高。因此财务要及时通过库存账龄分析发现贬值风险，提示销售端尽快出货，减少损失。

库存账龄分析主要按商品的进货日期对商品进行分类、统计，分析方法很简单，一般采用占比分析法。比如，某企业对库存商品的账龄进行盘点，结果如图7-24所示（占比之和可能会因四舍五入而不刚好等于100%）。

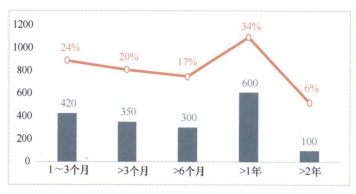

图7-24

从图 7-24 可以看出，存放 1 年以上的库存商品占比为 40%，这部分库存商品有较大的贬值风险，需要尽快变现处理。

7.2.10 销量滚动预测

销量滚动预测，即根据商品的历史销量，以及当前的形势对销量进行滚动预测，再根据预测的销量来安排生产，涉及组织、物流、资金、人力等资源。预测虽然不是 100% 准确，但能为企业提供大致可靠的决策依据。

销量滚动预测通常按日、周、月、季、年进行预测，主要根据产品的生产周期进行选择。如海鲜、烘焙食品、餐馆菜品等快消品可能需要按日、周进行预测；而手机、汽车、计算机等生产周期较长，可能需要按周、月进行预测；至于船舶、飞机等可能需要按季、年进行预测。

> **提示**
> 企业希望按实时订单生产商品，避免造成库存积压，一些企业追求的零库存也只是众多企业追求的极致目标，很多零部件生产厂商无法做到，一般的企业也较难实现这一目标。

在销量滚动预测中，T 表示过去的数个周期，N 表示将要预测的数个周期。$T+N$ 表示根据过去的 T 个周期的数据预测未来 N 个周期的数据。销量滚动预测主要通过分析同比、环比数据来进行，分析方法自然也以同比分析法、环比分析法为主，有时也包括函数预测法。

某企业以去年全年销量数据，以及今年 1～7 月销量数据进行 $T+5$ 销量滚动预测，其结果如图 7-25 所示。

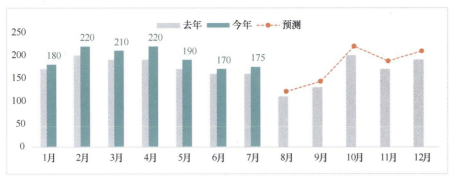

图7-25

分析1～7月销量可知同比平均增长10%，那么8～12月的销量也使用同比平均10%增长来预测，可得今年将完成的销量大约为2245。

> **提示**
> 可以结合商品的搜索量、关注度等进行预测分析；也可以用FORECAST函数进行预测分析，不过使用这个函数之前需要进行一定的数据验证。

7.3 竞品数据分析

竞品数据分析是指对竞争对手的产品和业务模式进行详细分析。竞品数据分析可以帮助企业了解竞争对手，识别市场趋势和机会，改进产品策略和营销策略，提高市场份额和客户满意度。通过对竞品的价格、质量、市场定位、营销策略等方面进行分析，企业可以与竞争对手保持平衡，并在市场上获得优势。下面就来了解两种常用的竞品数据分析方法。

7.3.1 使用比较分析法分析竞品价格与销量关系

价格与销量之间存在复杂的关系。通常情况下，价格与销量之间存在反比关系，即价格越高，销量越低；价格越低，销量越高。然而，在一些特殊情况下，价格高的产品可能会比价格低的产品销量更高，例如当产品被认为是高质量的或具有高品牌价值时。因此，了解价格与销量之间的关系需要通过对大量数据进行分析来实现。

> **提示**
> 价格分析主要包括指导价、成交价、商务费用(促销)分析，而商务费用之前提过，其分为变动商务费用、固定商务费用。变动商务费用又分为影响价格的变动商务费用和不影响价格的变动商务费用。

分析竞品的价格与销量，其目的在于研究竞争对手的策略，改善自己商品的定价、商务费用策略，从而获取更高的销量、利润、市场占有率等。不过，获取竞争对手的数据比较困难，但是有些竞品的数据可以通过购买获得，也可以通过商务政策反推而获得。分析方法通常为对比分析法、回归分析法及相关分析法等。

某香水品牌公司使用本品近两年的销量、价格与竞品进行对比，结果如图 7-26 所示。

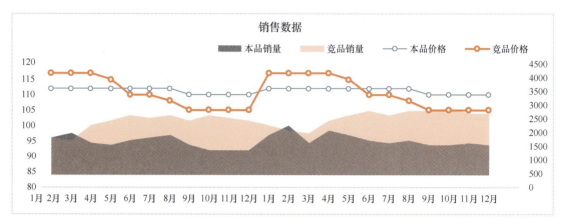

图7-26

从图 7-26 可以看出，竞品每年 4 月开始进行降价促销，9 月左右稳定价格，1 月进行改款换新，新品上市后再次把价格拉回到最初价格；本品价格相对较低，但价格比较稳定，一般从 9 月开始促销，价格微跌，1 月改款换新，价格回升。从上图中还可以看出，本品有 2 个月销量比竞品销量高。加权平均单价几乎相当，但是整体销量和销售额不如竞品，如表 7-20 所示。

表 7-20

指标		销售额 / 元	加权平均单价 / 元
本品	销量	33300	111
	销售额	3,711,400	
竞品	销量	53200	110
	销售额	5,869,500	

如果需要对价格、销量、销售额进一步分析，可以分析价格的同比变化率、环比变化率，以及价格与销量的关系，研究降价是否可以提高销量，也就是对价格与销量的相关性进行分析。对竞品的价格与销量进行相关性分析的结果如图 7-27 所示。

从图 7-27 中可以看出，$R^2=0.8905$，说明公式与实际数据的拟合程度相对较高，公式能够较好地描述价格与销量之间的关系。同时也能看出，竞品的价格越低，其销量越高，价格与销量具有较强相

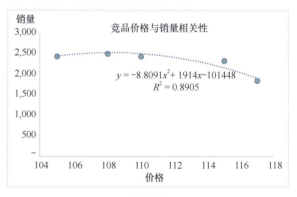

图7-27

关性。因此，如果需要提高本品的销量以及市场占有率，可以采用竞争对手的定价策略，并在实战中观察效果。当然，也不要过于拘泥于模仿，应采取灵活多变的策略。

7.3.2 使用对比分析法分析竞品销售结构

分析销售结构通过对商品分类并与本品对比进行。销售结构分析的目的是通过分析竞品的销售结构，找出竞品的最大缺点。通过对比分析法也可以发现本品的优点，以保持本品的优势。

商品分类是销售结构分析的重点，常按商品的特性、大小或价值进行分类，例如汽车市场分为 SUV、轿车、MPV，又如汽车可以分为 A0、A、B、C、D 等级别。

7.4 客户行为数据分析

客户行为数据分析是了解客户喜好、需求和购买行为的有效方法，对于企业具有重要意义。通过客户行为数据分析，企业可以了解客户的需求，提高客户满意度和忠诚度；还可以识别客户价值，进而对客户进行有效分类，为客户提供更好的定制化服务。因此，客户行为数据分析是企业提高竞争力、销售额和客户满意度的重要方法。客户行为数据包含的项目广泛，各个项目有不同的作用，通常包括如下项目。

- 客户在哪里？找到客户的出没点，便于定点进行推销、推广、宣传，更容易提升销售率，也可以提升服务效率。
- 客户最关心什么？客户进店的前 3 问，基本就是客户的关注点，研究客户的前 3 问，提前备好答案，有利于提升客户好感，提升成交率。
- 客户为什么会买我们的商品？为什么会买竞品？我们的卖点加上竞品的卖点，也就是客户的买点。
- 客户的抱怨点在哪里？研究客户对本品的抱怨点，促使企业进行改善；客户对竞品的抱怨点，也是我们营销中的薄弱点，易受攻击。
- 客户的基本信息是什么？客户的基本信息即客户的性别、年龄、收入等信息，可以根据历史数据和基本信息分析、判断客户进店的成交率，发现重点对象时可以加大推荐力度，提升成交率。
- 客户的近期偏好是什么？根据客户的来访时间、流量、时长数据判断客户的成交率。

下面举两个例子来说明如何分析客户行为数据。

7.4.1 使用矩阵分析法分析客户在哪里

为什么要分析客户在哪里呢？因为如果我们找到客户的出没点，就可以方便地进行定点推销、推广、宣传，更容易提升销售率与服务效率。客户的出没点包括客户使用的交通工具、客户消费场所等。分析时常采用矩阵分析法。

通过分析商品结果数据，可以分析出客户的一些情况，但是要更好地进行营销，就必须把工作做在前面，先要找到客户群体在什么地方。怎么寻找呢？应该根据商品的定位来寻找。首先，思考商品的主要受众是哪个群体。

例如婴幼儿用品的受众很明确，就是婴幼儿。为婴儿购买商品的主要是妈妈、爸爸、奶奶、爷爷等，其中重点客户是妈妈、奶奶；其中妈妈是重中之重，但奶奶也有购买欲，因此我们对这两个重点客户的活动地点进行分析。妈妈的主要活动地点如表 7-21 所示。

表 7-21

地点	怀孕期	0~6 个月	7~12 月	13~24 月	25~36 月	大于 36 月
公司	√		√	√	√	√
医院	√	√	√	√		
超市			√	√	√	√
幼教机构		√		√	√	
游乐园				√	√	√
幼儿园						√
广场	√	√	√	√		

从表 7-21 可以看出，在婴幼儿不同的阶段，妈妈经常出现的地点不一样，主要集中在医院、超市、幼教机构、游乐园、幼儿园以及广场等场所。

奶奶通常都是中老年人，她们每天的活动地点与妈妈的不同，如表 7-22 所示。

表 7-22

地点	7~8 点	8~9 点	9~10 点	17~18 点	18~19 点	19~20 点
菜场	√	√				
商场						
超市	√	√	√			
幼教机构			√		√	
广场	√	√			√	√
幼儿园	√			√		

奶奶经常出现的场所不能以跟妈妈一样的指标来统计，这里采用一天的不同时段来进行统计。老人一般在家时间较长，但每天还是会出门。我们假定奶奶每天出门 6 个小时，大概出现在菜场、商场、超市、幼教机构、广场（跳舞、散步）、幼儿园等场所。我们应该在不同的时段与相应的场所针对奶奶推广商品。

同样，如果要进行细致分析，则妈妈的时间也可以细分，这样可以让我们更精准地把握客户活动时间，精准投入人力和物力进行推广。

研究清楚客户的活动轨迹，找到客户就不是难事了。

7.4.2 使用排序分析法分析客户最关心的问题

俗话说"有备无患",如果我们对客户最关心的问题进行分析,提前准备好答案,那么客户问题还没有说完,我们就知道应该怎么回答,这样成交率就会非常高。

那么,如何得知客户最关心的问题呢?我们可以对客户进行调查,比如让他们从 10 个问题中删除最不关心的 5 个问题,留下的 5 个就是客户比较关心的问题。经过大量这样的调查,并将结果进行汇总,就可以得知客户最关心的问题是什么。

不同的行业和不同的商品,其客户最关心的问题不同。请读者根据自己的行业特点分析客户最关心的问题是什么。分析方法很简单,只需要简单地进行问题排序即可,这里就不再举例了。总之,推销需要抓住客户的心、抓住客户的需求。

第 **8** 章

商品后期数据分析

商品在销售一段时间后,就会进入后期阶段。在这个阶段,需要对商品的销售状况做全面分析,根据分析结果,我们可以调整商品的生产及销售策略,如对商品进行改款升级或停产等。商品后期数据分析总的来讲可分为"商品战胜战败分析""商品改款升级分析"和"商品下架策略与分析"3个方面。

8.1 商品战胜战败分析

在商品投放前期,我们对商品进行了定位、定人、定点、定量等分析。做完这些分析后,我们就要研判最终商品是战胜的状态还是战败的状态。

8.1.1 什么是战胜战败

战胜:赛场、战场等的一方相对于另一方的胜利,或者说在战争、竞争或竞赛中取得胜利或取得成功。在商战中,战胜就是指商品表现达到预期目标,或者没有达到预期目标,但是打败了竞争对手。

战败:与战胜相反。比如,有时候我们策划得非常好、感觉非常完美的产品,拿到市场上去比较时,才发现功能、配置和服务比同类产品差很多;或者是我们在设计产品的时候很好的功能过了一段时间就落伍了,新出来的竞品比我们的产品的功能好很多。这就是战败的状态。

8.1.2 为什么要做商品战胜战败分析

只有分析清楚战胜战败的状态,才能采取有针对性的行动来增加盈利或减少损失。总结商品规划、设计、制造、营销过程的缺点或优点,对缺点加以改善,或保持竞争优势,让优点更优,提升商品竞争力,提升企业竞争力。如果不总结,优点也许很快会变成缺点,成功属于偶然,而失败则属于必然。

8.1.3 商品战胜战败分析方法

商品力是指把"合适的商品"在"合适的地点"用"合适的方式"在"合适的时间"以"合适的价格"销售给"合适的顾客"的能力。商品力涉及的内容非常多。

商品战胜战败分析的总体方法就是对比分析法,包括单一维度的对比分析和多个维度的混合对比分析,详细介绍如下。

1. 分析维度

分析维度,从数据化的指标来看,主要涉及目标数据、实际数据、竞品数据的对比,如图 8-1 所示。

图8-1

分析时涉及的子维度较多,如表 8-1 所示。注意本表的内容只是建议,不同的商品有不同的分析维度。当我们在分析时,首先要确定分析维度,起码要分析到子维度,最好可以分析到子维度的下一级维度。

表 8-1

维度	项目	子维度	目标数据	实际数据	竞品数据
成本收益	价格	价格能力			
		商务费用			
		净收入			
	成本	材料成本			
		制造费用			
		管理成本			
	收益	利润			
设计制造	设计	定位			
		造型			
		配置			
	采购	保障			
		质量			
	制造	产能			
		工艺			
	质量	PPM			
市场营销	营销	销量			
		营销模式			
		销售打法			
		交付保证			
		市场占有率			
	服务	客户满意度			
		处理及时率			
	魅力	口碑			
		转介绍率			
	广告	知晓度			
		关注度			

我们可以从成本收益维度来分析商品。我们可以分析它的价格、成本和收益，例如，可以看看当时设定的价格能力是什么样的。我们可以给出一个目标，但是实际情况可能会有所不同。此外，我们可以看看当时给出的商务费用，比如促销活动的预算是多少，现在实际费用是多少，是否超出预算。我们还可以看看净收入。当然，这些维度并不一定全部落地，这里只是举个例子，希望这种方式能够拓宽读者的思路。

之后，我们还可以从设计来分析。我们可以看看商品在设计中的定位、造型和配置。但是，实际情况可能会有所不同，实际的目标人群与定位比可能会发生变化。此外，我们还可以考虑从采购、制造、质量来分析。

从市场营销维度来分析，也有很多角度可以进行分析。比如我们可以看看销售额目标是多少,实际的销售额又是多少。销售额目标完成情况还可以与竞争对手比较,比如目标销售额为 1 亿元,实际完成了 1.5 亿元,可以认为完成得很好;但竞争对手销售额为 50 亿元,这就说明本企业在完成方面可能存在一些问题。除此之外,我们还要关注营销模式、市场占有率、客户满意度、处理及时率、口碑、转介绍率、知晓度,以及关注度等子维度。

2. 分析方法

分析方法主要是差异分析法,我们常用差异分析法做目标、竞品对标分析。

差异分析法:对目标、竞品做对标分析,分析差异和差异率,看是否符合预期,以便提升规划能力、制造能力、设计能力。其中的相关概念如下。

+ 目标差异=实际值-目标值。
+ 目标差异率=(实际值-目标值)/目标值。

竞品对标:设计、规划都紧跟市场不脱钩,毕竟商品是要到市场上检验的,必须比竞争对手的商品更优,更有吸引力,卖点更鲜明。竞品对标中的相关概念如下。

+ 竞品差异=实际值-竞品值。
+ 竞品差异率=(实际值-竞品值)/竞品值。

8.1.4 商品战胜战败分析案例解析

分析商品战胜战败要从多个维度进行。不过很多读者可能不太清楚在具体分析时,应该采取什么样的方法。下面就列举一些实用案例供读者参考以及开拓思路。

1. 用排序分析法透视商品市场数据

排序分析法:对数据进行排序,从而直观地显示数据的大小,可以从小到大排序,也可以从大到小排序。排序分析法的目的主要是根据数据抓住主要的问题和矛盾。

以销量分析为例,目标销量可以与实际销量进行对比(单位:件)。如图 8-2 所示,A6 这款产品实际销量为 20000,而目标销量为 80000,目标达成率为 25%。这样我们就要重点分析 A6 这款产品到底出现了什么问题。

图8-2

> **提示**
> 其实对价格、市场占有率、质量、关注度、客户满意度等都可以做类似的分析,也可以与竞争对手进行对比分析。在分析方法上,排序分析法可以与差异分析法联合应用,也可以增加同比分析、环比分析等内容。

2. 商品多维度预实分析

在对商品进行多个维度的预计目标与实际效果的预实分析时，我们通常使用雷达图分析法，即对某款商品的多个维度进行分析，看哪个维度更优；也可以对多款商品的多个维度进行对比分析，看与竞品相比哪个维度更优。比如，针对商品的价格、质量、造型等维度，将目标值与实际值进行对比，可以看出一些问题，如图 8-3 所示。

维度	目标值	实际值
价格	10	7
质量	10	10
造型	10	5
销量	10	5
配置	10	9
颜色	10	6

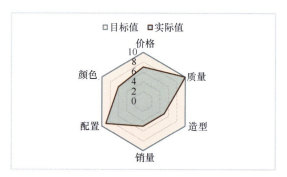

图 8-3

上述案例中，我们选择了价格、质量、造型、销量、配置、颜色等维度来进行对比。可以看出，实际售卖的价格和目标价格差距较大，造型不合适，销量不理想。但是，我们的配置看起来还是不错的，质量控制水平也还可以。

> **提示**
> 我们也可以拿竞品和自己的产品对比，看看自己的产品质量是否更优、配置是否更好等。

3. 用面积法分析商品使命达成率

在开发商品时，我们会考虑许多因素，包括预计销量、利润、销售额和市场参与率等。有些商品需要长时间的开发才能达到预计的水平，可能需要三五年甚至更长的时间。为了更好地考虑这些因素，我们可以使用面积分析法进行分析。所谓面积分析法，就是在横轴和纵轴之间建立一种关系，将两者表示的值的乘积表示出来。这样我们就可以同时看到销量和价格、利润等信息的关系。

可以对商品生命周期内的销量与价格、利润等进行组合，例如销量 × 单品利润 = 利润总额，组合过程中设定商品的利润总额，后续就要由项目经理想尽一切办法去达成该面积目标，可以寻找一切措施、资源协同达成目标。

比如，老张是某矿泉水公司在某省的大区经理，他的任务是在 3 年内把销量做到 1000 万瓶、建议利润不低于 0.1 元 / 瓶（可以适当浮动），目标利润总额为 100 万元，定价由大区经理老张决定。

老张为了获得更多的订单，和很多超市、连锁店举办了低价、让利的促销活动，希望通过让利来压低价格。前 2 年销售了 900 万瓶，利润是 0.09 元 / 瓶，矿泉水公司的利润总额是 81 万元。根据老张的情况，我们可以绘制出面积分析图，如图 8-4 所示。第 3 年老张还打算继续让利，想把利润从 0.09 元 / 瓶降低到 0.07 元 / 瓶，同时提高销量，从而确保销量、利润总额双双达标。

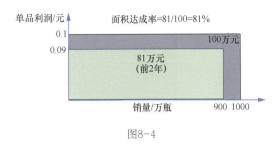

图8-4

> **提示**
>
> 面积分析法可以分析的因素很多，比如，可以对收入面积、净收入面积、质量索赔面积、商务费用面积、人力资源费用面积等进行分析，面积本质上表示费用，如果能节省，那就是利润。使用这样的分析方法可以提升我们的管理能力、团队作战能力。

4．用对比分析法分析定位偏差

在对产品或客户进行定位时，需要注意定位与实际情况的偏差。我们通常使用对比分析法来分析定位偏差。对比分析法主要通过对比商品或客户定位，来分析实际是否符合期望。一旦定位设定好之后，后续对应的营销、设计、广告宣传等策略都会围绕定位来制订，如果定位出现偏差，则会导致资金被大量浪费。

比如，湖北省某电动汽车企业准备研发、生产一款名为"T Plus"的纯电轿车，该车型外观时尚，加速性能较强，大约 3.5s 就可以加速到 100km/h，续航 1000km，在行业里算高端车型。

其预计定位人群如图 8-5 所示，主要为经济实力较强、喜欢彰显个性、追求刺激的青年。

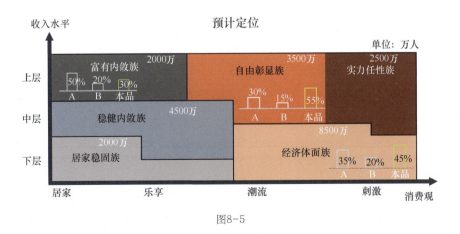

图8-5

但实际结果与预计定位偏差较大，如图 8-6 所示。

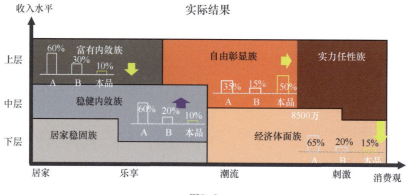

图8-6

预计与实际的偏差统计如表8-2所示。

表8-2

人群	预计	实际	结论
富有内敛族	30%	10%	比预计下降
自由彰显族	55%	50%	几乎持平
经济体面族	45%	10%	比预计下降
稳健内敛族	0	10%	比预计上升

为了更加直观地展示，可将偏差统计结果制作成图表进行对比，如图8-7所示。

图8-7

因此，该企业必须让商品规划相关负责人总结和反思为什么偏差这么大，是调研出了问题？还是理念出了问题？又或者是质量和销售出了问题？通过偏差对比，我们能更好地发现并解决问题。

> **提示**
>
> 商品销售结构、利润来源结构、费用使用结构等都可与商品规划时的定位做对比，找到改善的角度。

5. 以客户视角综合叠加分析战胜点战败点

为什么要以客户视角来看待我们的商品呢？原因如下。

✦ 商品存在的意义和目的是被客户使用。我们虽然认为某款商品好，但客户并不一定会如此认为，所以我们要以客户为中心，以客户视角来看待商品，才能设计、制造出更符合市场和客户需求的产品。

✦ 以客户视角来看待商品也有助于我们对商品进行改善。比如，我们的商品功能做不到完备，就以客户视角来看待商品，优先选择最重要的功能。

我们来看某品牌手机的例子。某品牌的一款新手机与竞品的数据如表 8-3 所示（满分为 10 分）。

表 8-3

指标/分	本品	Y维	S星	L果	V四	T米
总体满意度	7.1	7.4	7.5	6.8	6.1	6.8
外观	10	6	6	9	8	5
触感	7	9	8	6	5	6
体感	5	7	8	4	5	7
功能	6	6	6	7	5	5
屏幕	6	8	8	6	5	6
跑分	9	8	9	8	8	7
配置	7	8	8	7	8	9
散热	6	7	6	8	7	9
续航	10	9	7	8	4	6
拍照	5	6	9	4	5	6
美颜	7	9	6	6	6	9
定位	7	6	9	8	7	6

表格看起来可能不太直观，可以根据表格数据绘制图表，如图 8-8 所示。

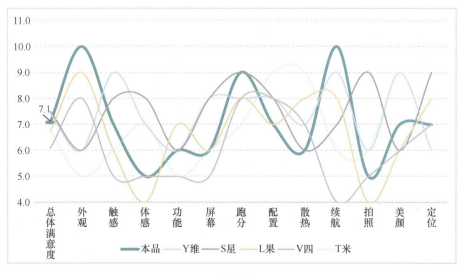

图8-8

从图 8-8 中可以清晰地看到本品的战胜点与战败点。

- 战胜点：外观、续航都比较好，跑分也不错。
- 战败点：体感和拍照比较差，功能、屏幕和散热也不太好。

除此之外，我们还可以研究竞品的战胜点，学习他们的长处。当然，有时候我们在设计商品时，还不知道竞争对手的后期做法和设计，所以加强自己的研发能力和市场调研能力，做出有创意的、更高级的、更符合市场需求的产品是最主要的。

> **提示**
>
> 对产品的某些属性还可以继续展开分析。比如，外观可以展开为握持感、质感等；体感可以展开为声控、面部识别、唤醒功能、查询功能、服务提醒、导航等；功能可以展开为蓝牙钥匙、支付功能、重量感应、体温感应、温度感应等；屏幕可以展开为是否高清、屏幕大小、屏幕占比等。展开分析后，可以让战胜点与战败点变得更加明晰。

6. 用象限定位法分析风格的战胜点战败点

什么是风格呢？简单说就是对样式、造型、颜色等进行选择，最后选定选料和工艺呈现出来的样子。产品在设计之初，首先要考虑的就是风格。风格的定位是根据商品追求的风格以及客户群体特征来进行的。例如，对于年轻的客户，可以设计略微张扬、有独特个性的现代风格；对于年纪较大的客户，或者商务客户，可以设计稳重大方的风格；对于年轻女性客户，可以设计活泼、休闲或优雅的风格。

某服装企业主要生产西装，款式基本是大气、简洁、商务风格，后来尝试做风格个性的西装，目标人群年龄大概在 20~25 岁。

这家企业自信地认为现在的年轻人都喜欢霸气、个性的风格，然后委托设计师按这样的风格设计。新款上市一段时间后，针对西装风格的市场调研结果显示，新款西装个性是有了，但是缺少现代感，如图 8-9 所示。

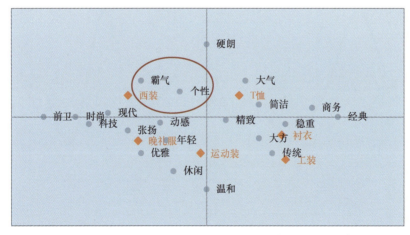

图8-9

结果新款西装卖得很不好。设计费花了不少，材料还是进口的，算下来亏了不少钱。这算是一次失败的尝试。

> **提示**
> 很多行业都可以采用这样的风格定位方法，从设计开始定位风格，然后在设计过程中不断进行纠偏，避免上市后出现太过于偏离目标的状况。

7. 用矩阵分析法分析商品的优缺点并给出改善措施

通过使用矩阵分析法，我们可以看到商品的优缺点，并进行描述。同时，我们可以给出一些改善措施来避免以后出现同样的问题。下面给出一个简单的商品分析案例，如表 8-4 所示。

表 8-4

优缺点	描述	改善措施
缺点	产品配置极差且不合理，装备缺乏竞争力	加强对商品的定义和调研
	空间不够大	设计必须提升空间利用率
	品牌认知度低	提升广告、个人 IP 推广能力
	装备缺乏科技感	学习并超越友商设计
	……	……
优点	动力较强	研发新一代动力总成
	外观设计具有仿生性	新商品延续仿生设计
	操纵性能较好	保持
	……	……

> **提示**
> 这种方法不仅可以应用于商品分析，也可以应用于计划、项目和竞品分析。

8.2 商品改款升级分析

生活中我们常常能看到这样的情况，一家公司在推出一款商品后，根据市场反应迅速推出功能或性能更好的、更具有竞争力和吸引力的款式，以更贴近消费者的需求。这就是商品改款升级的例子。那么，如何对商品改款升级进行科学的分析呢？

8.2.1 商品改款升级

商品不仅经常要根据市场反馈改款升级，有时也会通过打"补丁"来对商品功能进行完善。

具体的解释如下。

- ✦ 改款：就是在现有商品基础上做改进，例如改进外观、内饰、配置、造型等，但不会对整体进行改进，大多数是在硬件上做改进。
- ✦ 升级：主要是对于功能、性能等进行升级，主要集中在零部件、模块等方面，不会做较大的外观、内饰、造型升级，大多数是软件升级，但有时候也会伴随着硬件改动。
- ✦ 补丁：现有商品的某些功能、配置已经具备或容易开发，但是在新款中未作为标准功能、配置，这些功能、配置可以采用选装包模式搭载在新商品中进行销售，这样的情况叫补丁。

8.2.2 为什么要做商品改款升级

商品改款升级，其原因是现有商品存在不足，需要做改进，目的是提升市场竞争力，提升公司经营业绩。

当然，有时候需要改款，有时候需要升级，或者有时候一个补丁就可以解决问题。一般来说，要对商品做大的改进，就应该进行改款；如果只是做小的改进，则可以进行升级；如果用户有个性化需求，则可以通过打补丁来解决。

8.2.3 商品改款升级分析聚焦两点

对于商品改款升级，我们通常通过两个点来进行分析，即用户关注点与企业关心点。通过对这两个点使用"加减法"来进行分析，就可以得到改款升级的重点。

1. 加减法聚焦用户关注点

一件商品往往有很多维度可以进行分析。我们可以把这些维度列出来，让用户逐个选择。用户一定有最关注和最不关注的维度，在调研时，可以使用"减法"模式，让客户逐个排除他认为最不重要的维度，这样就得到一个排序。如表 8-5 所示，用户首先排除了"配置"，然后排除了"定位"，这样就逐渐得到了一个维度排序。

表 8-5

维度	排名	维度	排名
外观	5	配置	1
功能	7	散热	9
体感	12	续航	10
触感	6	拍照	11
屏幕	8	美颜	4
跑分	3	定位	2

> **提示**
>
> 很多时候，如果直接询问最关注哪个维度，用户可能难以取舍，询问最不关注的维度反而更容易获得答案。

根据用户关注维度的排序、竞品平均分以及本品当前得分，绘制排序及得分图，如图 8-10 所示。

图8-10

因为从"体感"到"配置"是排序的结果，所以改款首先要对体感、拍照、散热等进行升级和优化，因为这些维度排名靠前，且得分低于竞品；同时，保持续航、外观的优势，因为这些维度排名相对靠前，且得分高于竞品。

2. 用加减法聚焦企业关心点

企业关心点多为商品的利润、销量、成本和市场占有率等维度，如表 8-6 所示。企业在研判时，可在同类商品之间进行对比，按照择优原则，用最优的维度作为标杆。

表 8-6

维度	数量	维度	数量
利润	1	质量	5
成本	3	产能	6
市场占有率	4	造型	12
关注度	7	销量	2
满意度	11	交付	10
价格能力	8	口碑	9

根据同类商品平均分以及本品当前得分绘制图表，此时有两种对比方法，一种是隐性指标同类商品横向对比，一种是显性指标与行业竞品对比。

（1）隐性指标同类商品横向对比。

有些数据如成本、利润等，一般情况下外界难以获取，这类数据就是隐性的。如果得不到竞品的隐性数据，我们可以用自己的同类商品来进行对比。比如之前推出了 5 款同类商品，第6款（本品）就可以与前5款进行对比，研判其各个维度是否具有优势。比如要研判利润率，就可以通过图8-11所示的方式来进行对比。

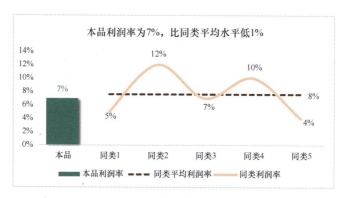

图8-11

从图8-11中可以看到，本品利润率低于同类平均水平。因此，本品需要提高利润，可通过对成本、费用、价格的分析和管控来实现。

（2）显性指标与行业竞品对比。

相对而言，显性指标就是指那些我们可以从公开渠道获得的竞品数据，或者是我们可以通过估算得到的竞品数据。有了显性指标，我们就可以将自己的商品与竞品进行对比了。

> **提示**
>
> 需要注意的是，由于显性指标的单位各不相同，有的甚至没有单位，比如销售额的单位是"万元"，销售量的单位是"台"，市场占有率用百分比表示，没有单位，等等，因此需要将所有的指标进行无量纲化，去掉单位后才能进行对比。比如可将某个做得最好的数据设定为100分，对于其他做得中等或最差的同类数据，我们可以看看其占最好数据的百分比，然后将这个百分比转化为无量纲化的形式。

这里根据一些竞品数据绘制对比图，可以看出我们最关心的市场占有率、销量得分，较行业同类竞品均值和企业内部同类商品最高分低很多，因此要加强营销、品控方面的工作，如图8-12所示。

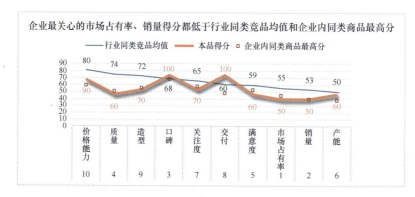

图8-12

通过商品的同类对比分析和市场对比分析，我们可以找出产品的优缺点，对于缺点，我们再深度细分，明确到底是哪部分没有做好，是设计、质量还是口碑？找到原因后即可采取措施进行改进。

8.2.4 商品改款升级模式

不同商品的生命期、技术特点、品控模式等不一样，不同商品改款升级模式也不一样，这里列举一些模式供读者参考。

- ✦ 窗口改款：对于现有商品的质量问题，因为修改成本太高，或者因技术问题没有办法直接解决，只有在改款时进行升级，提高质量。
- ✦ 垂直切换：直接把商品从一种状态切换成另一种状态。
- ✦ 停产切换：商品因质量、产能、材料问题而停产；商品因升级而停产；商品因为收益太低、价格太低、成本太高等而停产。
- ✦ 新旧并存：增加一个更智能、更完善、更符合市场需求、收益更好、价格更高的版本，如 Pro 版本、Plus 版本。
- ✦ 更名升级：原商品存在一定问题，现在改进并换一个名字，规避市场对新商品的影响。
- ✦ 补丁升级：原商品存在一定的不足或市场需要更智能、更前卫、更富有科技感等的商品，可以采用增加选装包的模式来进行弥补。

我们在应对改款、升级、补丁等模式的时候，可以先做好规划，等出现问题后就启动对应措施，这样就不需要频繁请示领导，以实现自主化管理。当然，我们在具体制订模式的时候，需要考虑的维度更多、更细致，不同的公司文化不同、产品不同，可以自行设计。这里提供一个矩阵思维模式供读者参考，如表 8-7 所示。其中，"●"表示最优方案，"○"表示建议方案。例如，款式老旧，可以改款；老款式质量缺陷，可以改款和切换，当然，如果只是个别软件的问题，建议进行升级。当然，我们在商务实战中，必须根据商品出现的问题或缺陷进行定制设计。

表 8-7

模式	款式老旧	老款式质量缺陷	有新技术出现	老款式销量不佳	利润不高	老款式颜色单一	老款式能用，新款式更优	有更前卫的功能
改款	●	●	○	○	●			○
升级		○	●	●	●			●
补丁				○	○	●		●
切换		●		○	○			
并存				○	○	●	●	

> **⌖ 提示**
> 我们在进行模式选择的时候，需要分析投入、产出情况，需要分析投资回报率，避免投资过高或过低。

8.3 商品下架策略与分析

有时候我们逛超市，会发现之前还摆在货架上的某款商品没有了；有时逛淘宝，也会发现收藏的某款产品已经停止销售了。对于这种情况，我们通常称为"商品下架"。

商品下架是一种常见的商家操作，其原因有很多。商品下架也需要一定的策略，不能盲目操作，否则会为企业带来不必要的亏损。

8.3.1 什么是商品下架

一般而言，商品下架是指产品停止销售（退市）或暂停销售。下架的原因是多样的，可能是因为商品销售完毕、商品升级换代、商家饥饿营销或亏损停售等。

8.3.2 商品下架类型与原因

商品下架类型一般可以分为被动下架与主动下架两种，它们各有各的原因，如图8-13所示。

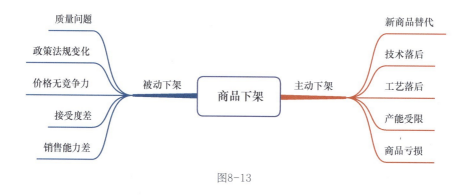

图8-13

> **提示**
>
> 商品被动下架大部分是因为外部原因，如质量问题导致的退货、返修太多，或政策法规变化，被禁止销售等；主动下架则大部分是因为内部原因，如新商品替代、产能受限等。

8.3.3 商品下架分析方法

商品下架分析主要还是用对比分析，比如竞品对比、规划对比、预算对比，以及预估投入之前和之后对比等，其目的为总结经验教训，发现问题，寻找机会，预测未来，优化决策。

8.3.4 故事：资金不能打水漂儿，下架

某汽车公司开发一款SUV电动车，投资了1.5亿元。然而，由于这款车的造型和燃油车

一样，底盘也是燃油车底盘，因此市场销量不佳，上市 6 个月仅售出 1000 辆。

公司商务部门建议再投资 5000 万元加强广告力度以提高销量，挽回损失。但是财务部门反对这一决策，并算了一笔账。

+ 之前投资的 1.5 亿元，是沉没成本。
+ 如果销量满足 10 万台，则毛利总额大于广告费用，但现在销量远低于 10 万台。
+ 每辆车的广告费用＝5000 万元÷2000 台＝2.5 万元/台，按实际算，毛利都没有了，建议公司不再投入广告费用，暂时下架该车型。

财务部门给总经理展示了一个核算表，如表 8-8 所示。

表 8-8

项目	项目口径	实际口径	备注
投资/元	1.5 亿		沉没成本
销量预期/台/年	150,000	2,000	按 1~6 月销量乘以 2 计算
销售价格/元	160,000	160,000	
制造成本/元	140,000	140,000	假设制造成本不变
单车毛利/元	15,000	−5,000	含广告投入
广告费用/万元	5,000	25,000	

最后，总经理决定，让商品企划部门与财务部门、营销部门进行沟通，并拿出方案。最终的研究方案是下架这款车，改造这款车的生产线，为下一款车让道。

在商品下架的会议上，总经理让企划部门、营销部门进行反思，从规划、定位、造型等 12 个维度总结为什么会失败，避免以后出现类似的情况。

第9章 客户数据管理与分析

企业在和客户打交道的过程中，会产生相应的客户数据。企业必须要对这些客户数据进行管理与分析，才能够解决部门协作和沟通的问题，帮助企业实时了解市场动态和客户需求，生产出更好的产品，并提高后期营销的成功率。总之，客户数据对于企业来说非常重要，对客户数据进行管理与分析可以为企业带来更高的利润。

9.1 客户数据是宝藏

有客户数据的企业很多,但真正重视客户数据的企业并不多。其实,客户数据是宝藏,里面蕴藏着商机,不能将之看作简单的数据。

9.1.1 客户数据不是简单的数据,而是大数据库

一般人可能会认为,客户数据是指客户的基本情况数据,包括姓名、年龄、性别、学历、职业、职位、爱好、购买能力、活跃度、购物频率、消费结构等信息。

其实,客户数据不止于此,比如客户的浏览、购物过程等,都可以数据化,借助这些数据,我们可以计算很多信息,例如成交率、转化率等。如果要分析客户的购物偏好,则需要商品交易额、购买商品信息、交易频次等客户数据。

完整的客户数据应该包含客户的基本信息、消费过程、后续服务等相关数据,因此,可以说客户数据是一个大的矩阵式数据库,是可挖掘的宝藏。

9.1.2 用数据记录商品与客户的关系

客户数据化是把商品和客户有效地结合起来,让客户的行为与数据关联起来,与商品关联起来。只要有数据,就有可能发现问题并找到机会。只要进行了数据化,企业效益就有提升的空间。

例如,对于我们的健康、企业的业务、客户等,只要把其数据展示出来,就能发现其中存在的问题。很多中小企业还有很大的数据化空间。推进数据化应该是企业转型的重要组成部分。然而,很多中小企业虽然一直说要进行数据化,但实际上对数据化并不太了解。数据化是为了研究商品的整个轨迹,包括设计、质量、交付、交易和结算等方面的数据。我们也可以对人进行数据化,比如从健康、收入和受教育经历等多个维度对人进行数据化。只要进行了数据化,我们就能发现一些机会,发现一些问题,这一点非常重要。

9.1.3 数据质量不能马虎

数据质量直接影响企业决策的准确性和效果,因此数据质量是非常重要的。数据质量可以从以下方面来衡量。

- 数据完整性:一旦数据不完整、维度不够,分析结果就可能失真,甚至没有办法做分析。例如,我们要分析客户的购物偏好,那么就应该分析客户购买了哪些商品、购买的频次是多少、购买的金额是多少等数据,如果仅有少数几项数据,就很难分析出有用的信息。
- 数据连续性:数据不连续就没有办法做轨迹分析。例如,客户购物的频率是1月一

次，结果记录的只有1月、4月、8月的数据，则无法进行准确的分析。
- ✦ 数据有效性：数据中有时会出现无效数据，比如因为录入错误而产生的数据，或冗余数据、不完整数据、过时数据或超出预定范围的数据等；也有可能是因为记录者的主观偏见、技术限制、系统错误等而产生的数据。无效数据会严重影响分析结果的准确性，应该将其剔除。

9.2 客户偏好

从数据中分析客户偏好对于提升企业的竞争力和促进企业的发展至关重要。通过分析客户偏好，企业可以了解客户的需求和市场、行业趋势，从而及时调整自己的市场策略和产品开发方向，保持竞争优势。

9.2.1 什么是客户偏好

客户偏好是指客户在挑选商品和服务的时候所做出的具有倾向性的选择，是客户基于认知、心理感受及理性综合权衡的结果。直白地讲，就是客户比较喜好什么或是比较倾向于做什么。生活中，人们往往基于自己的偏好来做相关的决策，或者基于偏好表达喜好和倾向性意见，因此偏好在购物时也是重要的决策因素之一。

偏好分析有两个维度：事前和事后。事后偏好分析通过分析实际数据进行，比较容易实现。我们可以通过分析数万个客户购买的商品，以及商品的属性和特性等，了解消费者对商品的偏好。但是，为了避免事后出现偏差，我们需要做好事前偏好分析，即模拟分析客户购买行为以客观比较其对商品的偏好和商品的不同属性对其购买行为的影响，这可以帮助我们更好地设计产品和制订营销策略。事后对实际数据的分析只是验证和印证，事前分析才是关键。

偏好分析也可以分为模拟偏好分析与实际偏好分析，它们与事前和事后偏好分析的关系如图9-1所示。

- ✦ 模拟偏好分析：模拟客户购买过程，从而客观、较真实地反映出客户对商品的偏好及商品不同属性在购买过程中的重要性。模拟偏好分析是事前分析行为。

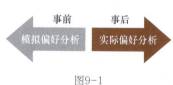

图9-1

- ✦ 实际偏好分析：根据实际的购买过程，用真实的数据反映客户对产品的偏好、对属性的偏好，可以验证预测，找出问题，提出解决方案。实际偏好分析是事后分析行为。

实际偏好分析的数据来源于真实的交易数据，可以直接反映客户的实际购买行为和偏好。但它基于历史信息进行，无法用来预测未来的购买偏好。模拟偏好分析则可以通过模拟客户的购买行为，来预测未来的购买偏好。但是，模拟偏好分析所得出的结论可能存在一定的误差和不确定性。

9.2.2 客户偏好分析的重要性

商品投放是否成功很大程度上取决于设计和前期调研是否足够好。如果商品设计、前期调研足够好且有良好的卖点，那么就成功了一半，剩下的一半就需要营销来完成。

通常，在设计商品时，我们只考虑功能、颜色、价格和促销等方面的需求。对于营销而言，如果只是提出需求，而没有给出具体的理由，那就不算是负责任的表现。

在职场上，经常会出现如下情况。

有人会说："看看，别的商品都有这个功能，我们没有，这就让我们的产品显得过时，销量不高也是因为没有这个功能。"然而，往往加上了这个功能销量还是不高。

有人会说："我们是跟随者，顾客已经习惯了使用友商的商品，他们不会再做第二次选择。如果我们想要成功，我们就必须提供更多的款式和更低的价格。"实际上，降低了价格并增加了产品的款式，结果通常依然不佳。

有人会说："我们的品牌竞争力不强，别人都不会光顾我们的店铺，我们需要增加广告投入！"而把广告资金交给营销部门后，却不一定能产生太大的声势。

有人认为："商品设计不够新颖，功能跟随性太强。因此，我们需要提升商品设计部门或企划部门的规划能力。"

因此在商品设计过程中，对客户偏好的把握十分重要。我们需要用数据说话，给出各维度的影响度，不要凭感觉、拍脑袋做决策。

当然，实际偏好分析也非常重要。通过分析，我们可以进行纠偏，实施对口设计、精准营销。因此模拟偏好分析、实际偏好分析都非常重要。不过，相对而言，模拟偏好分析更难一些，因为它是预测性的分析，只能通过模拟数据来进行，一旦数据失真，分析结果可能就没有任何作用。同时，模拟偏好分析需要采集大量数据、模拟场景、对消费者进行调查等，这都会在一定程度上导致分析出现偏差。

9.2.3 使用联合分析法模拟分析客户偏好

联合分析法（Conjoint Analysis）是一种市场研究方法，用于测量和分析消费者对产品或服务的不同属性的偏好。这种方法可以帮助企业更好地了解消费者对产品的需求，以便在产品设计、定价和市场营销方面做出更明智的决策。

联合分析法的基本思想是，将产品的不同属性（如价格、品牌、功能等）组合成多个"属性水平"集合，我们可以称之为"组合方案"，将组合方案呈现给消费者进行评估和选择。通过对消费者的选择的统计分析，可以确定不同属性对消费者决策的影响程度。在此基础上，可以进一步分析不同属性水平的组合方案对产品或服务的整体满意度的影响，以便为产品设计和市场营销策略提供决策支持。

联合分析法已经广泛应用于消费品、工业品、金融以及一些服务等的开发和设计。在现代市场研究的各个方面，如产品开发、产品定价、市场细分、广告、分销、品牌等方面，都可见到联合分析法的应用。

联合分析法的步骤通常如下。

（1）分析设计，数据采集。

请受访者对虚拟产品进行评价，通过打分、排序等方法调查受访者对虚拟产品的喜好程度、购买的可能性等。评价表如表 9-1 所示。消费者选择了某一项，我们就用"1"表示。

表 9-1

序号	属性 1		属性 2		属性 3	
	A	B	F1	F2	100	95
1	1		1		1	
2	1		1			1
3	1			1	1	
4	1			1		1
5		1	1		1	
6		1	1			1
7		1		1	1	
合计	4	3	4	3	4	3

（2）数据整理。

在多元回归中，为了解决多重共线性（线性相关）问题，我们通常将一个属性下的一种水平（或一种情况）设置成参照水平（效用值为 0），从而预测参照水平的效用与其他水平的关系。比如，属性 1 下有 A、B 两种水平（两种情况），如果将两种水平的数据都用来做相关性分析，可能会因为它们之间相似性较大而导致结果失真。为了避免这个问题，可以从 A、B 两种水平数据中删除一种，只用一种水平的数据来分析。被删除数据的水平称为"参照水平"，它的效用值为 0。按照这个原理，我们在表 9-1 所示的例子中分别从 3 个属性中删除了 B、F2、100 水平的数据，结果如表 9-2 所示。

表 9-2

属性 1	属性 2	属性 3
A	F1	95
1	1	0
1	1	1
1	0	0
1	0	1
0	1	0
0	1	1
0	0	0

（3）多元回归与计算效用

对删除参照水平后的数据进行多元回归，便可以得出该属性下水平的"效用值"。在 9.2.4 小节会用案例来讲解如何做多元回归。

（4）判断与结论

利用效用值来预测消费者将如何在不同属性下进行选择，从而决定应该采取什么措施，确定最受欢迎产品的属性构成。可以通过对属性水平的调整，改变商品特征并估计相应的效用值，选择效用值最高的商品。

> **提示**
>
> 联合分析法是一种效果不错的专业分析方法，但需要采集大量的样本数据做分析。如果读者采集数据比较困难，也可以通过 6B 法（同比、环比、占比、对比、均比、基比）简单地进行偏好数据分析，总之，适合的才是最好的。

9.2.4 客户偏好分析实战：这两款新鞋能不能做

某品牌制鞋企业打算推出两款新鞋，一款是商务风格，另一款是休闲风格，每款还有纯色与拼色的区别，定价也不同。企业在全国进行抽样调查，通过模拟偏好分析来预测销售前景。

① 销售部门设计了采集模板，并进行数据采集，以部分客户的数据为例，其结果如表 9-3 所示。为了更容易识别，我们将客户的选择用"1"表示，且标注颜色进行区分。

表 9-3

序号	风格		颜色		价格水平			喜好程度
	休闲	商务	纯色	拼色	500元	450元	400元	
1	1	0	1	0	1	0	0	9
2	1	0	1	0	0	1	0	11
3	1	0	1	0	0	0	1	12
4	1	0	0	1	1	0	0	7
5	1	0	0	1	0	1	0	8
6	1	0	0	1	0	0	1	10
7	0	1	1	0	1	0	0	5
8	0	1	1	0	0	1	0	5
9	0	1	1	0	0	0	1	6
10	0	1	0	1	1	0	0	1
11	0	1	0	1	0	1	0	2
12	0	1	0	1	0	0	1	3

② 数据整理。在多元回归中，为了解决多重共线性问题，我们删除了商务、拼色、500元水平的数据，将被删除数据的水平作为参照水平，效用值为 0，删除后的结果如表 9-4 所示。

表 9-4

序号	风格	颜色	价格水平		喜好程度
	休闲	纯色	450元	400元	
1	1	1	0	0	9
2	1	1	1	0	11
3	1	1	0	1	12
4	1	0	0	0	7
5	1	0	1	0	8
6	1	0	0	1	10
7	0	1	0	0	5
8	0	1	1	0	5
9	0	1	0	1	6
10	0	0	0	0	1
11	0	0	1	0	2
12	0	0	0	1	3

③ 进行多元回归分析后计算效用值。在 Excel 中进行多元回归分析非常简单，只需单击 Excel 菜单中的"数据"选项卡下的"数据分析"按钮，在弹出的对话框中选择"回归"选项，并单击"确定"按钮，如图 9-2 所示。如果没有"数据分析"按钮，可参考案例最后的说明来显示该按钮。

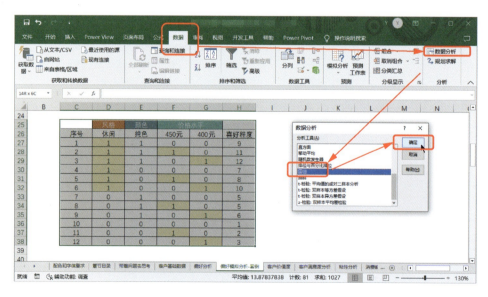

图9-2

在弹出的对话框中，设置 X 值（风格、颜色和价格水平这 3 列数据）与 Y 值（喜好程度这一列数据），以及设置置信度（通常为95%），并设置好输出区域，最后单击"确定"按钮即可得到分析结果，如图 9-3 所示。

```
SUMMARY OUTPUT

        回归统计
Multiple R   0.990658
R Square     0.981404
Adjusted R   0.970777
标准误差     0.607493
观测值        12

方差分析
            df      SS        MS        F         Significance F
回归分析     4    136.3333   34.08333  92.35484   3.89E-06
残差         7     2.583333  0.369048
总计        11   138.9167

          Coefficients 标准误差  t Stat    P-value   Lower 95% Upper 95% 下限 95.0% 上限 95.0%
Intercept  1.166667   0.392135  2.975166  0.020656  0.239415  2.093919  0.239415  2.093919
休闲       5.833333   0.350736 16.63168   6.94E-07  5.003974  6.662693  5.003974  6.662693
纯色       2.833333   0.350736  8.078246  8.57E-05  2.003974  3.662693  2.003974  3.662693
450        1          0.429562  2.327951  0.052773 -0.01575   2.015754 -0.01575   2.015754
400        2.25       0.429562  5.237889  0.001202  1.234246  3.265754  1.234246  3.265754
```

图9-3

④ 根据分析结果进行判断并得出结论。其中相关概念如下。

- R Square：测定系数，也叫拟合优度。是相关系数 R 的平方，位于 0～1 的区间，数值越大，代表回归模型与实际数据的拟合程度越高。
- Significance F：这是在显著性水平下的 F_a 临界值，其实等于 P 值，即弃真概率。所谓"弃真概率"即模型为假的概率，显然 $1-P$ 便是模型为真的概率。可见，P 值越小越好。该值小于 0.05，表示回归模型有效。

由图 9-3 可知 R Square 达到 98%，该模型拟合程度高，Significance F ＜ 0.05 说明该回归方程有效，P 值在 0.05 左右说明这些自变量的回归系数具有显著性。

再来比较效用值（Coefficients）。前文说过，删除数据的水平效用值为 0，那么以风格为例，休闲风格效用值为 5.833333，则商务风格效用值为 0，以此类推。风格效用值比较结果如表 9-5 所示，颜色效用值比较结果如表 9-6 所示，价格水平效用值比较结果如表 9-7 所示。

表 9-5

风格	效用值
休闲	5.833333
商务	0

表 9-6

颜色	效用值
纯色	2.833333
拼色	0

表 9-7

价格水平	效用值
500 元	0
450 元	1
400 元	2.25

比较各个属性的效用值可以得出如下结论。

- 风格：休闲＞商务。
- 颜色：纯色＞拼色。

✦ 价格：400＞450＞500。

从效用值区间（效用值取绝对值）的值可以得出各属性重要程度。这里休闲的效用值为 5.833，纯色的效用值为 2.833，价格 400 的效用值为 2.25，因此可以得出属性重要程度为：风格＞颜色＞价格。

因此我们可以说，目标客户首先看重风格，其次看重颜色，再次看重价格。

> **提示**
>
> 我们可以对每个样本数据进行集中分析，得出总体的结论。当然，为了更好地分析每个客户，需要单独对每个客户的效用值进行分析，最后再进行集中的占比分析，例如，使用 500 个样本进行调查，结果风格效用值区间最大值为 8.2，有 60% 的人（300 人）的风格效用值区间为 5～8，说明我们应选择设计一款休闲风格的鞋。

如果读者打开自己的 Excel 后，在"数据"选项卡中没有发现"数据分析"按钮，那就需要进行简单的操作将其显示出来。具体操作步骤如下。

在 Excel 主界面单击"文件"选项卡，如图 9-4 所示，然后单击界面左下方的"选项"标签，如图 9-5 所示。

图9-4

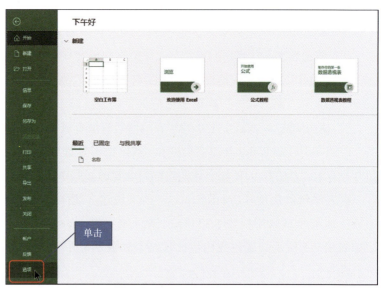

图9-5

在弹出的对话框中单击"加载项"标签，再单击"转到"按钮，如图 9-6 所示。在弹出的对话框中，勾选"分析工具库"和"规划求解加载项"复选框，然后单击"确定"按钮，如图 9-7 所示。

切换到"数据"选项卡，即可在右边看到新增加的"数据分析"与"规划求解"按钮，如图 9-8 所示。

图9-6　　　　　　　　　　　　　　　图9-7

图9-8

9.3 客户价值度

研究客户价值度对企业的经营和发展具有重要意义，可以帮助企业更好地了解客户需求和行为，提高市场竞争力和客户满意度，实现可持续发展。尤其是面向终端消费者的企业，更应该研究如何分析客户价值度。

9.3.1 什么是客户价值度

简单地说，客户价值度就是客户对企业的贡献度。客户价值度可分为显性价值度和隐性价值度。

+ 显性价值度是客户给企业直接带来的创收、盈利、销量等显性的价值。一般来说，在显性价值度中，客户等级越高，价值度就越高。比如常说的 VIP、核心会员、铂金卡会员等客户等级，就是企业对客户的显性价值度的一种标识。
+ 隐性价值度包括客户品牌认可度、客户活跃度、客户关注度等方面的隐性价值。

不同客户的价值度是不一样的，在实际管理时，要实施不同的策略。

9.3.2 为什么要分析客户价值度

分析客户价值度的目的是划分客户群体，实现差异化对待，即对不同等级的客户给予不同的待遇和策略，对重点客户进行重点关注与维护，从而提升客户黏性和复购率，让企业保持持续健康发展的状态。如果不分析客户价值度，就很难为企业制订营销策略和为客户管理提供依据。

9.3.3 使用 6 级区格法分析客户价值度

分析客户价值度常用 6 级区格法。所谓 6 级区格法，就是把分析的对象按既定的规则分块、分类，然后进行分析。比如，可以根据购买单价（单次）和购买频次组合成面型结构，"低低"组合定义为 1，"高高"组合定义为 6，如图 9-9 所示。

针对不同区格的客户，企业分别给予不同的服务，目的是关注重点人群、创造更多的利润。一个简单的等级服务例子如表 9-8 所示。

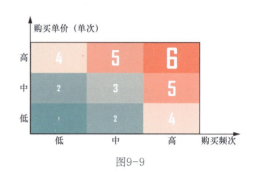

图9-9

表 9-8

等级	等级代词	专享服务	折扣	目的
6	钻石	钻石卡、年会、生日送祝福、赠品、跑腿服务等	68 折	专享尊贵
5	金牌	金卡、年会、生日祝福、升级体验、付费升级	78 折	崇享尊贵
4	银牌	银卡、年会、生日祝福、升级体验、付费升级	88 折	
3	铜牌	铜卡、信息推送 + 专享体验	92 折	炫耀尊贵
2	铁牌	普卡、信息推送 + 升级体验	95 折	
1	木牌	无卡	无折扣	

客户年龄与消费等级、客户年龄与购买频次、客户定位与购买频次、客户性别与消费等级等组合都可以做类似的分析。企业也可以分析客户的隐性价值，比如很多企业为了提升人气指数、关注度，就通过送福利的方式让客户关注企业公众号等，从而提高转化率。

> **提示**
>
> 在隐性价值度方面不要一味追求人气指数、关注度，而是要对客户进行甄别，避免被低价值客户占用太多资源。

对客户进行区格化后，提供的服务应有区别，但不要有太大的区别，否则可能会被理解为客户歧视；但如果无区别，那么对回头客的吸引力就会下降。因此，需要认真研究等级和服务区别，避免出现区别过大或太少的问题。

9.4 客户满意度

众所周知，客户对商品不满意可能会给企业带来许多负面影响。不过很多企业并不会专门对客户满意度进行分析，很多时候仅仅以销售量和投诉量来衡量，这样做并不是非常明智。

9.4.1 什么是客户满意度

客户满意度就是客户的实际体验与客户的期望的匹配程度，匹配程度越高则客户满意度越高。也可以说客户满意度是客户对产品的可感知效果与其期望值相比较而得出的心理指数。

> **提示**
>
> 影响客户满意度的因素一般包括质量（Quality）、价格（Cost）、交付（Delivery）、设计（Design）、服务（Service），也就是常说的QCDDS。

9.4.2 为什么要分析客户满意度

客户不满意就可能会选择转向竞争对手，企业也会因此损失利润；客户流失还可能会导致品牌声誉受损，因为不满意的客户可能会传播品牌的负面信息，从而影响潜在客户的购买意愿。因此，分析客户满意度是非常重要的。

分析客户满意度的目的（或者说本质意义），就是希望借助满意度调查与分析来评估客户满意度状况、找到影响满意度的因素以采取针对性的改进措施，提升满意度水平。同时，企业可以通过客户满意度分析找出新的机会，提升盈利能力。

9.4.3 使用相关系数分析客户满意度

相关系数代表两个变量之间的相关程度。简单地说，如果 X 变化会引起 Y 的变化，那么可以说 Y 的变化程度与 X 的变化程度有相关性。相关系数在统计学中十分常用。

比如，X 与 Y 有一定的对应关系，Y 是 X 的100倍，绘制成图即可直观地看到，如图9-10所示。

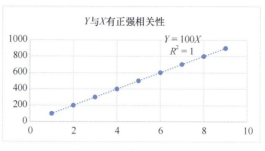

X	Y
1	100
2	200
3	300
4	400
5	500
6	600
7	700
8	800
9	900

图9-10

当然上例非常简单,我们无须图表就可以直接看出 Y 是 X 的 100 倍,但如果它们之间的关系不是如此简单,或者影响 Y 的变量有多个,如存在 X_1、X_2、X_3……那就必须要通过数学分析才能得到它们之间的关系。

9.4.4 【案例】客户不满意,不一定是价格的问题

某公司委托第三方进行客户满意度(单位:分)调查,结果发现客户满意度有所下降,如图 9-11 所示。

图9-11

总经理要求提升客户满意度,销售总监提议通过降低商品售价来提升客户满意度。因为公司比较大,总经理较难直接获得客户满意度下降的原因,于是他让经营管理部门进行分析,结果如表 9-9 所示。

表 9-9

权重占比	维度	2018 年	2019 年	2020 年	2021 年	2022 年	2023 年
30%	Q(质量)	95	97	97	96	98	96
20%	C(价格)	80	85	80	81	82	85
20%	D(交付)	98	97	97	96	96	97
15%	D(设计)	93	92	94	93	94	93
15%	S(服务)	92	90	89	83	80	78
	客户满意度	91.9	92.8	92.0	90.6	91.1	90.9

那么,如何分析这 5 个维度与客户满意度之间的关系呢?在 Excel 里,可以在菜单中选

择"数据"标签,单击"数据分析"按钮,在弹出的对话框中选择"相关系数"选项并单击"确定"按钮,如图 9-12 所示。

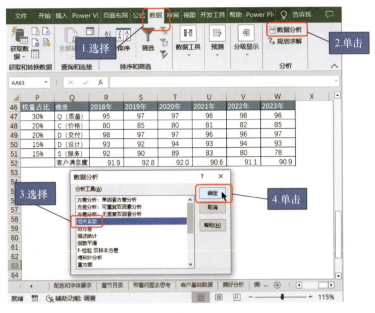

图9-12

在弹出的"相关系数"对话框中,单击"输入区域"文本框右边的向上箭头按钮,如图 9-13 所示。

此时,"相关系数"对话框会变为文本框的状态,选择从"Q(质量)"到"客户满意度"这 6 行的数据,也就是从 Q47 单元格到 W52 单元格的数据,选择好以后单击"相关系数"对话框右侧的向下箭头按钮,如图 9-14 所示。

图9-13

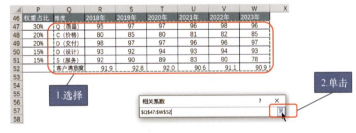

图9-14

此时"相关系数"对话框会还原,"分组方式"选择"逐行",因为从"Q(质量)"到"客户满意度"这 6 行数据是以行的形式存在的(如果数据以列的形式存在,此处应选择"逐列");勾选"标志位于第一列"复选框;然后选择"输出区域"单选项,再单击右侧的向上箭头按钮,如图 9-15 所示。

此时"相关系数"对话框会变为文本框的状态,选择一个用于显示结果的单元格区域的左上角单元格,选择好以后,单击"相关系数"对话框右侧的向下箭头按钮,如图 9-16 所示。

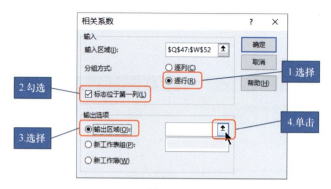

图9-15

图9-16

此时"相关系数"对话框会还原,单击"确定"按钮,如图 9-17 所示。

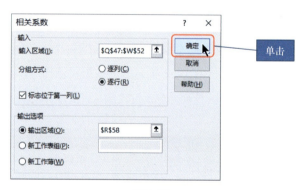

图9-17

相关系数分析结果输出如表 9-10 所示。

表 9-10

	Q(质量)	C(价格)	D(交付)	D(设计)	S(服务)	客户满意度
Q(质量)	1					
C(价格)	0.205789	1				
D(交付)	−0.6333	−0.09557	1			
D(设计)	0.37998	−0.59255	−0.29412	1		
S(服务)	−0.29667	−0.39299	0.658275	−0.29087	1	
客户满意度	0.121339	0.12818	0.53937	−0.41057	0.798224	1

从表 9-10 中可以看出，客户满意度下降的主要原因是对销售服务的满意度在下降，同时交付满足率也存在下降趋势。最后，总经理让经营管理部门暗中进行调查，发现销售总监严重失职，导致拖延交付期、销售人员职业素养不够、网点销售人员服务态度差等问题。

9.5 客户黏性

很多客户在面对多件相同的商品的时候，通常会选择自己经常购买的品牌的商品。这是因为客户在熟悉并接受了一个品牌之后，通常不愿意再冒险去尝试其他品牌。那么，有没有方法可以研究客户究竟对品牌有多"忠诚"呢？这就是对客户黏性进行研究。

9.5.1 什么是客户黏性

客户黏性是指客户出于对商品、服务、品牌的忠诚和信任，而形成的对商品、服务、品牌的依赖程度。依赖程度越高，客户黏性越高。

黏性，顾名思义就是性质像胶水一样，可以黏住东西。在商业上，要产生客户黏性，就要使客户在对商品或品牌产生好感后，能够持续购买并且逐渐养成习惯，这一方面需要持续地优化使用体验，另一方面需要不断触发客户使用，甚至使客户"上瘾"。客户回购率越高，说明该客户对服务、商品、品牌的黏性越高。价值度越高、实用性越强、性价比越高、质量越好的商品越能"黏住"客户。

客户黏性是衡量客户忠诚度、信任感和依赖程度的重要指标，它是影响品牌形象的关键因素之一。促进销售的方法之一就是充分利用客户管理方面的技巧。成熟的市场人员都知道要注重培养客户的"黏性"。

9.5.2 为什么要分析客户黏性

分析客户黏性的目的是发现自己的商品的优点、提升品牌价值，获得更高的销量、利润，让品牌经营更健康。

如果客户黏性弱，则说明我们自己的商品、品牌、服务的吸引力较差，可替代性较强，客户依赖程度不高，很容易让品牌影响力下降，或者让企业只能打价格战。然而，价格战会让企业成长性变差，长期的价格战则让企业很难在行业立足。因此，分析客户黏性对企业来说至关重要。

9.5.3 使用七感法分析客户黏性

客户黏性分析是针对老客户进行的，因为新客户谈不上黏性。我们的商品、服务、品牌有一定的口碑沉淀后，自然会有很多老客户，他们不仅会重复购买，还会带来新客户。因此可以说，老客户就是我们的基石客户，也叫基盘客户。对于基盘客户，我们可以给予相对更好的政策，因为稳住基盘客户是制胜法宝。

对于基盘客户的黏性，我们需要研究其来源，是我们品牌影响力强，还是产品的功能、属性比较有卖点？

分析基盘客户的黏性，通常使用七感法，也可称为"七级评价法"，就是把客户对商品或服务使用后的感受分为 7 种体感级别，从厌恶感到荣誉感，并为每种体感级别赋予分值，厌恶感为"-2"分、将就感为"-1"分……荣誉感为"5"分，如表 9-11 所示。

表 9-11

厌恶感	将就感	满意感	认同感	安全感	尊贵感	荣誉感
-2	-1	1	2	3	4	5

再将商品价值维度从最容易改变到最难改变赋予不同的分值，最难改变的是品牌，分值为"7"；最容易改变的是服务，分值为"1"，结果如表 9-12 所示。

表 9-12

改变时长	改变难易分值	商品价值维度	备注
长期	7	品牌	知名度高、有底蕴、口碑好等
	6	价值	保值、增值、有品位、高级等
中期	5	功能	功能多、功能强、好用、方便、适用等
	4	设计	外观漂亮、造型大气、颜色时尚、工艺细腻等
	3	质量	耐用、耐高温、耐腐蚀、抗造、结实等
短期	2	价格	便宜、合适、公道、性价比高、划算等
	1	服务	说明翔实、介绍仔细、服务周到、商品售后良好等

我们将商品价值维度分值和客户体感级别分值相乘，就得到了商品在 7 个价值维度和 7 种体感级别下的得分。例如，商品价值维度的品牌得分是"7"，体感级别的厌恶感得分是"-2"，则品牌厌恶感得分是"-14"，以此类推，结果如表 9-13 所示。

表 9-13

七感法			客户体感级别（购买后）						
			厌恶感	将就感	满意感	认同感	安全感	尊贵感	荣誉感
			-2	-1	1	2	3	4	5
商品价值维度	1	服务	-2	-1	1	2	3	4	5
	2	价格	-4	-2	2	4	6	8	10
	3	质量	-6	-3	3	6	9	12	15
	4	设计	-8	-4	4	8	12	16	20
	5	功能	-10	-5	5	10	15	20	25
	6	价值	-12	-6	6	12	18	24	30
	7	品牌	-14	-7	7	14	21	28	35

这样赋值的逻辑就是，客户因在高分值的商品价值维度上获得的体感而产生的黏性，要远比在低分值的商品价值维度上获得的体感而产生的黏性高很多。这是可以理解的，比如某客户觉得使用某国产品牌手机是一种荣耀，那么该客户的黏性就非常高，因为他是发自内心热爱该品牌的，即使他在服务或价格等维度获得了将就感甚至厌恶感，可能也会容忍，而不会转向别的品牌。又比如，客户在某商品的价格维度上获得了满意感，但分值仅为"2"，这样的客户对该商品不会产生太高的黏性，一旦竞品降价而该商品不降价，客户很可能"移情别恋"，因为客户的想法就是买价格低的，这样的客户黏性肯定不高。

从表9-13中可以得知每个区格对应的分值，但不同的企业有不同的商品价值维度，不一定就是这7个价值维度。考虑到模型的通用性，我们可以将分值转换为百分比，这样更容易令人理解和接受。

对于客户黏性指数，我们用区格对应的分值与黏性最大分值的关系来衡量，其计算公式为：

客户黏性指数＝该区格对应的分值 ÷ 黏性最大分值 ×100%

表9-13中各区格最高分是"35"分（品牌荣誉感），将每个区格得分除以35，再百分比化，就可以得出该区格的客户黏性指数，比如品牌厌恶感的得分为"−14"分，则客户黏性指数为−14÷35＝−40%，以此类推，各个区格的计算结果如表9-14所示。

表 9-14

七感法		客户体感级别（购买后）						
		厌恶感	将就感	满意感	认同感	安全感	尊贵感	荣誉感
		−2	−1	1	2	3	4	5
商品价值维度	1 服务	−6%	−3%	3%	6%	9%	11%	14%
	2 价格	−11%	−6%	6%	11%	17%	23%	29%
	3 质量	−17%	−9%	9%	17%	26%	34%	43%
	4 设计	−23%	−11%	11%	23%	34%	46%	57%
	5 功能	−29%	−14%	14%	29%	43%	57%	71%
	6 价值	−34%	−17%	17%	34%	51%	69%	86%
	7 品牌	−40%	−20%	20%	40%	60%	80%	100%

随机从表9-14中用4个区格（红色框区格）来举例，可以得出以下结论。

✦ 客户对商品的设计有种厌恶感，觉得不够人性化，那么客户黏性非常低，是负数。

✦ 客户对商品的价格具有较高的认同感，觉得挺划算，物超所值，其实客户的黏性并不高，只要失去了价格优势，客户就很快流失了。

✦ 客户对商品的价值比较认可，觉得该商品非常有价值，买了还会保值或升值，觉得很安全。

✦ 客户对商品的品牌认可度非常高，认为使用该品牌是一种荣誉，那么客户的黏性就非常高。

可能有人会问，客户有时候买一件商品的理由不止一个，那么怎么定义客户黏性呢？选取多个客户黏性指数中的最高值作为单客户最大黏性指数即可。

本小节讲解的是对单个客户的黏性进行分析，对于批量客户的黏性，需要采用平均法、结构占比法等方法进行分析。

9.5.4 如何提升客户黏性

提高客户黏性的好处是不言而喻的，但如何提高客户黏性是很多企业一直在研究的课题。下面给出一些通过改进客户体感级别来提高其黏性的方法。

（1）消除厌恶感。

可以提升服务质量来消除厌恶感，这样做成本低、见效快。如果客户对质量、设计、功能等方面感到厌恶，企业可以通过快捷、方便的保修、换货、退货的方式，消除客户的厌恶感。如果体感级别实在提高不到令人满意的程度，那么提高到将就的程度也可以。

（2）直面化解将就感。

通过客户反馈或售后回访，了解客户觉得不好的，只能将就、凑合着用的地方。对于这样的情况，需要并加强售后服务，如追加赠品等，避免体感级别从将就感滑落到厌恶感。

对于一些暂时无法回避或无法解决的问题，企业要敢于直面承认，同时要把竞品的情况也告知客户，避免客户对企业的商品产生偏见。

（3）提升满意感。

提高关于商品的讲解、使用、售后等的服务质量，同时不断地改进商品，提升商品价值度、功能性等，做好良性沟通，提升客户满意感。

（4）用买点提升认同感。

企业应对自己商品的卖点和客户的买点进行精准把握和对接，不能盲目认为商品的卖点就是客户的买点。采用客户的买点来构建企业的卖点，从质量、价格、服务等维度不断提升客户对商品的认同感。

（5）全面打造安全感。

所谓安全感，就是客户买了商品后觉得放心，例如，质量方面肯定没有问题，功能甚至比客户预期的更丰富。企业应全方位营造出安全氛围，从广告到商品设计、质量等方面，全面打造客户安全感。

（6）营造尊贵感。

设置特定的氛围和场景，让客户在买商品、用商品的时候，都有种尊贵感。也可以通过差异化服务让客户体验到尊贵感。

（7）树立品牌荣誉感。

无论是在企业员工心中还是在消费者心中，都要树立起企业形象和品牌形象，要将企业形象与社会责任感关联起来，让客户觉得企业是负责任、有担当的企业，而不是唯利是图的企业，让客户觉得自己购买这件商品是一种荣誉，是在为社会做贡献。

总之，通过提升客户体感级别，企业可以更好地提高客户黏性。当然，提高客户黏性的方法有很多，读者可以从实际工作中总结更多的方法。

9.6 消费能力

客户的收入不同，所处环境不同，人生观不同，消费观也就不同。做好客户的消费能力研究对企业而言是很重要的，可以提升企业的盈利能力。

9.6.1 什么是消费能力

客户的消费能力指的是其在一定时间内可以支配的用于购买商品或服务的经济资源的总量。消费能力通常由个人或家庭的收入水平、储蓄水平、负债情况、生活成本和个人偏好等因素决定。

9.6.2 为什么要研究消费能力

消费能力的高低直接关系到客户能够购买何种商品或服务的数量和质量，因此对企业来说，客户消费能力研究结果是商品定价、销售策略制订和市场定位的重要参考依据之一。

从经济角度来说，研究客户的消费能力，想办法促进客户消费，可以加快企业现金流转速度。

9.6.3 使用区格法做消费能力分析

根据不同的维度，把客户群体分为不同的区格，对于不同区格的客户采取不同的策略。我们用消费意愿和收入两个维度来定义区格，如图9-18所示。

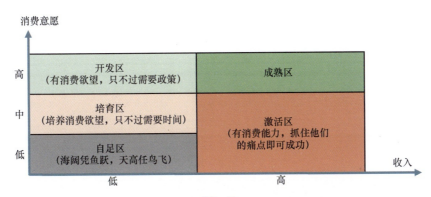

图9-18

在图 9-18 中，自足区的客户是指资金不多、消费欲望也不强的客户，对于这类客户可以不用投入太多关注。对于处于培育区、开发区的客户，因其有一定的消费欲望，可以采用推送一些信息来引导他们消费；对于处于激活区的客户，只要抓住他们的痛点即可起到立竿见影的作用；成熟区的客户既有消费能力又有消费欲望，对他们做好维护即可。

定义好区格后即可采集数据。例如，采集到某高端品牌挎包客户的一些数据后对客户进行层级划分，结果如表 9-15 所示。

表 9-15

序号	男		序号	女	
	层级	年收入/万元		层级	年收入/万元
A1	1	60	B1	1	78
A2	2	70	B2	2	64
A3	1	30	B3	1	15
A4	3	72	B4	3	39
A5	1	50	B5	1	20
A6	3	56	B6	2	72
A7	1	69	B7	3	90
A8	2	26	B8	1	64
A9	3	52	B9	2	48
A10	1	16	B10	1	85

其中，层级 1 表示低级，层级 2 表示中级，层级 3 表示高级。将这些客户填充到图 9-18 所示的区格中，结果如图 9-19 所示。

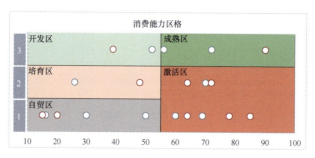

图9-19

从图 9-19 中可以看出各个区格的客户数量不同。其中激活区的客户较多，企业应该重点针对他们进行开发，采取手段激活他们的消费欲望；对于处于培育区的客户，应持续不断地引导，促进其消费；对于处于开发区的客户，可通过各种促销活动引导他们消费。

9.7 客户消费延展性

在互联网上购物时，平台通常会通过推荐系统，向消费者展示与其搜索历史或购买历史相关的商品，以及消费者可能感兴趣的其他商品。这种做法提高了消费者购物的便利性，还促进了平台销售量和收入的提高。其实，这就是平台深度挖掘客户消费延展性的结果。

9.7.1 什么是客户消费延展性

所谓客户消费延展性，就是客户购买相关商品的可能性。研究客户消费延展性，就要深度挖掘客户的消费习惯，找出相关的商品或看似不相关但却存在需求关联性的商品，并将这些商品推荐给客户，促进客户消费。

9.7.2 为什么要分析客户消费延展性

分析客户消费延展性，一方面可以刺激客户消费意愿，另一方面可以对商品进行联合促销，寻找新商机，改善营销效果。

9.7.3 使用相关性分析法分析客户消费延展性

分析客户消费延展性通常使用相关性分析法。比如，某超市某年的销售数据（单位：箱）如表 9-16 所示。

表 9-16

月份	香烟	啤酒	饮料	瓜子	花生	纸尿裤
1月	3,150	5,900	1,800	3,680	4,380	690
2月	4,750	7,700	1,380	2,880	6,000	800
3月	4,000	9,900	1,000	3,720	6,500	920
4月	3,550	5,100	1,900	3,440	4,320	500
5月	2,550	5,300	2,000	2,000	3,660	630
6月	4,200	6,600	1,740	2,720	4,920	700
7月	4,850	5,300	2,210	3,400	5,160	500
8月	4,000	9,500	2,000	3,000	6,200	950
9月	3,750	8,800	1,200	3,600	5,220	940
10月	2,700	9,100	1,620	3,320	6,000	780
11月	2,500	5,600	1,980	3,720	5,040	570
12月	4,650	7,600	1,980	4,000	3,720	650

在 Excel 中进行相关性分析，得到结果如表 9-17 所示。

表 9-17

	香烟	啤酒	饮料	瓜子	花生	纸尿裤
香烟	1					
啤酒	0.194156	1				

续表

	香烟	啤酒	饮料	瓜子	花生	纸尿裤
饮料	−0.08885	−0.65703	1			
瓜子	0.163381	0.200566	−0.16911	1		
花生	0.193787	0.719913	−0.54852	0.093141	1	
纸尿裤	0.1122	0.909716	−0.7071	0.000915	0.655855	1

从表 9-17 中可以看出，看似不相关的啤酒和纸尿裤具有较强的相关性，可以作为客户消费延展性分析重点关注的商品；啤酒和花生的相关性也很强，这可能是因为有些人习惯用花生搭配啤酒；负相关性强的是饮料与啤酒，这可能是因为不少人只会买其中之一；饮料与花生的负相关性也比较强，与很少有人用花生搭配饮料有关。

如果要更加直观地分析，可以选择部分商品进行排序后绘图。比如这里选择香烟、啤酒和饮料，然后按照啤酒的销量进行升序排序，再将其绘制为曲线图，结果如图 9-20 所示。

维度	香烟	啤酒	饮料
4月	3,550	5,100	1,900
5月	2,550	5,300	2,000
7月	4,850	5,300	2,210
11月	2,500	5,600	1,980
1月	3,150	5,900	1,800
6月	4,200	6,600	1,740
12月	4,650	7,600	1,980
2月	4,750	7,700	1,380
9月	3,750	8,800	1,200
10月	2,700	9,100	1,620
8月	4,000	9,500	2,000
3月	4,000	9,900	1,000

图9-20

从图 9-20 中可以看到，当啤酒的销量上升时，香烟的销量并没有上升，而饮料的销量在下降，这说明香烟和啤酒没有明确的相关性，饮料和啤酒有负相关性。

再选择啤酒和纸尿裤进行分析。同样先按照啤酒的销量进行升序排序，再将其绘制为曲线图，结果如图 9-21 所示。

维度	啤酒	纸尿裤
4月	5,100	500
5月	5,300	630
7月	5,300	500
11月	5,600	570
1月	5,900	690
6月	6,600	700
12月	7,600	650
2月	7,700	800
9月	8,800	940
10月	9,100	780
8月	9,500	950
3月	9,900	920

图9-21

从图 9-21 中可以看到，当啤酒的销量上升时，纸尿裤的销量也随之上升，这说明啤酒与纸尿裤具有较高的相关性。

> **提示**
> 超市销售部门可以考虑在啤酒区和纸尿裤区安排促销活动，比如买啤酒送纸尿裤，或买纸尿裤送啤酒，这样两种看似不相关的商品就联合起来了，可提高客户的消费欲望。

9.8 客户流失

企业在不断挖掘新客户的同时，对客户的流失必须重视。相关研究结果显示，如果一家企业能够将客户的保留率提升 5%，那么其利润将增长 30%。同时，与新客户相比，向老客户成功销售产品的概率要高出 3 倍。因此，有一句话是"保留现有客户胜过开发新客户"。

9.8.1 客户流失原因分析

针对客户的流失，我们必须通过对各种维度的分析寻找具体原因。在分析过程中，应该遵循从大到小、从整体到局部的思路，逐步细化问题。

客户流失问题可能是最近才出现的，也可能是几个月前出现的，还有可能是一年前就已经出现。在分析流失原因之前，需要对问题进行整体描述，回答以下问题。

- 流失是从什么时候开始的？
- 流失率变化趋势如何？
- 竞争对手的流失率均值和中位数是多少？
- 流失客户有哪些共性特征？
- 流失客户在流失前的行为有什么规律？
- 导致客户流失的原因有哪些？
- 流失客户去了哪里？
- 是否还有可能召回客户？召回的成本是多少？

通过细化问题，可以更准确地找到客户流失的具体原因，以便采取有针对性的措施来提高客户保留率。

9.8.2 客户流失价值评估

在进行客户流失原因分析后，我们可以根据两类结果，即流失客户的特征描述和流失评分，制订有针对性的挽留策略。同时，结合客户价值等变量，决定应该对哪些客户采取挽留措施。

预估挽留和召回的收益，我们可以使用以下公式：

$$预期收益 = 流失客户预期收入 - 流失客户挽留预期成本$$

其中，流失客户预期收入可以通过流失客户过去的总花费或者平均花费来计算，而流失客户挽留预期成本可以参考市场挽留活动的策划和宣传成本，以及针对客户的具体折扣或优惠成本来计算。通过使用该公式，我们可以更好地评估挽留和召回的潜在收益，从而更好地制订相关营销策略。

第 10 章
公关宣传数据管理与分析

公关宣传数据管理与分析指的是对公关宣传活动所产生的数据有效地进行收集、整理、分析和应用的过程。它是现代公关宣传的重要组成部分，也是公关宣传工作的必要手段之一。公关宣传数据的有效收集、整理和分析，可以为企业的决策提供重要参考和支持，提高企业公关宣传的效果和企业品牌影响力。

10.1 如何提升曝光点击率

相信不少人听说过某商品最近的曝光率真高,接下来肯定会大卖之类的言论。高曝光率毫无疑问对商品、品牌或企业有很积极的作用,因此,企业一定要仔细研究如何提升曝光率。在互联网商业环境中,还需要研究如何提升与曝光率相关的点击率。

10.1.1 什么是曝光点击率

曝光率通常用于衡量人、事、物单位时间内被展示的次数,在商业活动中通常用于衡量广告或商品在宣传中的影响力。曝光率越高,表示该广告或商品被越多人看到,成交的可能性也就越高。在电视广告中,曝光率可以通过实际到达人数与可以覆盖的总人数的比例来计算。在互联网领域中,曝光率不仅与展示次数有关,还与商品排名有关,排名越靠前,曝光率往往越高。因此,许多商家会通过搜索引擎优化(Search Engine Optimization,SEO)、网站推广、参加同类网站评选等方式来提升商品的曝光率。

在社交媒体中,用户对内容的点击、转发和评论都会影响曝光率,从而提升商品上热搜、上头条的可能性。

例如,在传统电视广告中,电视广告曝光率=实际到达的人数÷可以覆盖的总人数×100%。又例如,在互联网上,某页面每天的浏览量是10000(人次),如果广告独占某一广告位,那么该广告曝光率为100%;如果该广告位轮流展示2个广告,那么其中一则广告的曝光率就为50%,曝光量为5000。户外广告牌的曝光率=实际看到广告的人数÷可以覆盖的人数×100%。

在互联网上,广告不仅要展示,还要吸引用户点击,这可以通过曝光点击率进行衡量。曝光点击率的计算公式为

曝光点击率=(点击量÷曝光量)×100%

10.1.2 为什么要分析曝光点击率

在互联网上,让一则广告曝光可能比较容易,但是曝光了没有人点击,就达不到引流与销售的效果,曝光的效果就大打折扣。因此,分析曝光点击率可以帮助广告主评估广告投放的效果,其原因如下。

+ 衡量广告效果:通过分析曝光点击率,广告主可以了解广告的吸引力和受众覆盖率,进而判断广告是否具有良好的受众接受度,并根据关键数据来衡量广告效果。
+ 优化广告投放策略:通过分析曝光点击率,广告主可以了解哪些广告效果比较好,哪些广告需要优化。如果预估点击率(expected Click-Through Rate,eCTR)较低,广告主可以对广告文案、素材或投放位置等进行优化,提高广告的吸引力,从而提

升曝光点击率和转化率。

- 节约广告投放成本：通过分析曝光点击率，广告主可以判断广告是否有效，如果eCTR较低，则需要考虑调整广告投放策略，节约广告投放成本。
- 对比广告效果：通过对比不同广告的曝光点击率，广告主可以了解不同广告的效果，从而优化广告投放策略。

因此，分析曝光点击率对于广告主来说非常重要，对于这一点，电商行业的企业体会应该更深刻。

10.1.3 如何提升曝光点击率

如何提升曝光点击率？应该从内功和外功两方面着手。

从内功方面来说，商家需要优化自身的商品信息页面，使其具有吸引力和可读性。页面需要简洁明了、排版清晰、图文搭配得当，同时商品信息需要准确、完整，以便让消费者全面了解商品的特点和优势。商家还可以通过提高商品的质量和美誉度来提升曝光点击率。例如，提供高质量的产品或服务、建立良好的售后服务体系，这些都能提高商品的美誉度和口碑。

从外功方面来说，商家可以利用一些广告投放平台，例如百度搜索、微信朋友圈、快手、抖音等，提升商品的曝光率和点击率。此外，商家还可以通过各种自媒体平台，积极进行营销推广，扩大宣传范围和提高影响力。商家还可以参加各种活动和促销，例如"双11""双12"等大型促销活动，利用优惠券、满减等促销手段来吸引消费者，提升商品的曝光点击率和成交率。

一些常用的提升曝光点击率的方法如表 10-1 所示。

表 10-1

分类	方法	描述
内功	商品定位	找准商品定位，是商品还是服务，优势有哪些，别人为什么需要找我，我能提供哪些价值，等等
	客户定位	找准自己所在的行业，找准自己的客户群体，分析客户群体的年龄、层次、地区、偏好等
	包装策划	突出商品的核心卖点和特点，找到与竞争对手相比的优势和劣势，最好有第三方评测
	软文推广	与各种媒体合作，通过文字进行推广，坚持品牌曝光
	更新信息	对商品信息定期进行增补、完善，不仅有利于提高服务质量，还方便顾客从众多信息中找到本商品
	关键词	优化商品关键词设置，提升搜索匹配度，使用买家常用关键词让顾客更方便找到本商品
	直播流量	在社交平台上直播可以提升综合运营能力和粉丝数量
	低价引流	对于新商品，低价引流可以更好地让顾客接受，当然低价引流并不那么简单，其中有很多技巧，不可盲目为之
	优质图片	适度使用精美靓丽的图片，能带给顾客较好的直观感受
	情怀活动	组织具有品牌调性和情怀的活动，提升品牌曝光点击率
	产品迭代	不断推出新商品，持续曝光新的、好玩的、有吸引力的功能，不断提升商品的存在感

续表

分类	方法	描述
外功	主流媒体	在短视频、博客、论坛、贴吧、微博等各种形式的主流平台集中发力
	人气主播	与当前的正能量人气主播进行合作,推出视频推荐,可以快速提升商品的曝光率
	粉丝引流	多和粉丝互动,互动内容可以是产品问题的反馈、产品的使用方法介绍、产品的答疑和推荐等,或者介绍关于新品的新闻或逸事,提升在粉丝心目中的存在感
	黄金展位	在黄金展位进行推广,如果图片质量高、文案水平高,则曝光点击率有很大的可能得到提升
	搜索排名	在搜索引擎网站中做好 SEO 工作,让广告信息、品牌信息在搜索引擎中排名靠前
	口碑营销	利用相关的口碑平台等进行宣传,同时引导顾客进行"老带新"
	增加入口	与流量较大的相关交易平台合作,例如可以与淘宝客、百度搜索、百度贴吧、QQ、微信、微博、淘宝直通车等平台做友情链接,增加商品购买入口

总之,企业应该多研究,多实践,从不同角度,综合使用多种方法来提升曝光点击率。

10.2 分析刷喜率指标

很多软广告是以文章、视频、图片等形式呈现在受众面前的。受众在看到这些内容的时候,究竟是喜欢还是不喜欢,需要深入研究,因为这会影响广告的效果。

10.2.1 什么是刷喜率

刷喜率是指用受众对文章、视频、图片等的喜欢程度、好感程度,刷喜率数值越高,表示受众对内容的喜欢程度、好感程度越高。刷喜率主要使用完刷率、互动率、搜藏率 3 个指标来衡量,如图 10-1 所示。

图10-1

对于静态内容(文章、图片)而言,刷喜率的计算公式如下:

刷喜率 = 完读率 × 完读率权重 + 互动率 × 互动率权重 + 搜藏率 × 搜藏率权重

对于动态内容(长视频、短视频、音频)而言,刷喜率的计算公式如下:

刷喜率 = 完播率 × 完播率权重 + 互动率 × 互动率权重 + 搜藏率 × 搜藏率权重

其中涉及的各指标介绍如下。

（1）完刷率。

完刷率：指对文章、视频、图片等信息的浏览、阅读程度，包括文章、图片等静态资料信息的完读率，以及视频等动态资料信息的完播率。完刷率是和内容质量息息相关的，高质量的内容，可以让受众获得更多的知识、快感，相应地会提升商品或企业的关注度，成交率和收益也会有所提升。

点击量：在所选的终端（个人计算机或无线移动终端）上，点击内容的次数。

$$完读率 = 完读量 \div 点击量 \times 100\%$$

$$完播率 = 完播量 \div 点击量 \times 100\%$$

（2）互动率。

互动率是影响内容推荐的主要指标之一，它通常由3个因素决定：点赞量、评论量、转发量。其计算公式如下：

$$互动率 = (点赞量 + 评论量 + 转发量) \div 点击量 \times 100\%$$

+ 点赞量：受众对视频、文字、图片等传播的内容进行点赞的数量，点赞量能够反映受众是否认可或喜爱传播的内容。
+ 评论量：指受众在阅读文章、视频等内容后，对内容进行评论的次数总和。
+ 转发量：指文章、视频等内容由受众转发给他人的数量，在抖音、微信、微博等社交平台上，转发的应用很广泛。

（3）搜藏率。

注意这里是"搜藏率"而不是"收藏率"，搜藏率主要是由搜索量、关注量、收藏量3个因素决定的，其计算公式如下：

$$搜藏率 = (搜索量 + 关注量 + 收藏量) \div 访客数 \times 100\%$$

+ 搜索量：是指通过搜索行为，内容在搜索结果页面内被展示的次数。
+ 关注量：公众号、微信、店面的关注数量，也就是粉丝数量。
+ 收藏量：内容被收藏的数量。

10.2.2 为什么要分析刷喜率

企业通过分析刷喜率，可以看到自己的商品、服务的广宣效果，也可以与同行的数据进行对比，找出差距，提升自己的宣传能力。

此外，分析刷喜率还可以帮助企业更好地了解消费者的喜好和需求。通过观察哪些广告内容受到消费者的喜欢，以及分析他们为何喜欢这些内容，企业可以更好地了解市场需求和趋势，从而优化广告设计和营销策略。

同时，分析刷喜率也可以帮助企业发现广宣存在的问题和改进空间。如果某个广告的刷喜率低于平均水平，那么就需要对其进行深入分析，找出原因，并采取措施改进宣传和销售策略，从而提升刷喜率。

10.2.3 如何分析刷喜率

企业应该如何分析刷喜率呢？这里以一个简单的例子进行说明。某公司在第三方社交媒体平台发布了一段视频，其统计数据如图10-2所示。

点击量	1000000	点赞量	50000	搜索量	50000
完播量	600000	评论量	5000	关注量	100000
完播率	60.0%	转发量	10000	收藏量	30000
		互动率	6.5%	搜藏率	18.0%

图10-2

每个行业和企业在不同的项目上有不同的权重，这里假设完播率、互动率和搜藏率的权重和数值如表10-2所示。

表 10-2

项目	权重	数值
完播率	30%	60.0%
互动率	50%	6.5%
搜藏率	20%	18.0%

刷喜率 = 30%×60% + 50%×6.5% + 20%×18% = 24.9%

可以理解为，100个展示的内容，有25个受到受众的喜欢，可以说这个结果还是相当不错的了。

10.2.4 如何提升刷喜率

由于刷喜率由完刷率、互动率和搜藏率组成，因此，提升刷喜率也要从这3个指标着手。下面简单介绍一些常用的提升刷喜率的方法。

（1）完刷率。

- ✦ 控制时长：想要提升视频的完播率，就要学会控制视频的时长，在内容过多的情况下，选择分段展示内容。
- ✦ 直奔主题：少讲废话，多讲重点，不要使用太多铺垫，也不要说太多众所周知的内容。
- ✦ 内容为王：无论是短视频还是文章，都必须做到内容原创。内容只有为用户提供价值才更容易被转发分享，读者可以在创作文章之后在易撰平台上进行文章检测以提高内容质量，收获更多的推荐。

- 精彩前置:"精彩前置"或"悬念前置",顾名思义就是将视频中最精彩的一刻放在视频的开头,或把悬念先抛出来,以此吸引受众继续观看。
- 调动情绪:在视频中可以设置一个情绪调动点,比如反转、差异、冲突。数据显示,设置情绪调动点的视频的用户留存率是不设置情绪调动点的视频的 5 倍左右,评论率高出约 80%。

(2)互动率。
- 紧跟热点:及时跟上行业热点话题输出优质内容。对于热点话题,独特的观点更容易引发用户的互动讨论,但注意观点不要违反社会道德与公序良俗。
- 设置话题:在制作短视频内容的过程中,注意在视频后期设置相关讨论话题,利用话术呼吁用户在评论区留言互动。
- 抢占时机:在信息资讯高度发达的环境下,想要打造爆款视频,就得抢占时机,及时发布行业一手信息,为用户提供最新的行业动态、行业资讯、行业热点解读等消息。

(3)搜藏率。
- 促销:推出限时促销活动,让用户在享受实惠的同时还可以感受到品牌的用心。但是,要确保促销活动真实、有效,不要利用虚假宣传误导消费者。
- 直播:在各大视频平台进行直播,提前准备好热点话题,让直播内容更具针对性和互动性,吸引更多用户参与。在直播中,可以引导用户进行评论、提问、点赞等互动行为,进一步提高用户黏性和转化率。
- 收藏有礼:利用新闻热点或者品牌营销节点,推出收藏有礼的活动,吸引用户参与并积极收藏。同时,在收藏有礼活动中,要确保奖励真实且有吸引力,避免引起用户不满和流失。
- 抽奖:设置话题,利用有趣的话术和互动方式引导用户参与抽奖活动,提高用户参与度和品牌关注度。

提升刷喜率的方法还有很多,读者可以在实践中多加尝试,找到更多更有效的方法。

10.3 分析负面消息报道率

在互联网上,经常出现这么一个词——"爆雷",意思就是说某个企业或名人出现了负面消息。"爆雷"会给企业或名人的有形价值或无形价值带来巨大的损失。因此,企业一定要重视对负面消息的研究与处理。

10.3.1 什么是负面消息

负面消息是指会对个人、组织或社会造成不良影响的消息,这类消息通常会引起公众的关注并产生不同程度的舆论压力。负面消息的传播范围很广、传播速度很快，当事方应尽快处理。

> **提示**
>
> 危机公关中的 72 小时理论：负面消息出现后的 72 小时内是黄金公关时期，72 小时后负面消息会变为旧闻，但若仍在"发酵"则很难挽回已经产生的舆论。企业要关注负面消息，危机公关是关键。

负面消息的来源很多，比如竞争对手、不满意的顾客、泄密人员、媒体等。针对负面消息，个人或组织需要及时采取应对措施，避免负面影响进一步扩大。可以通过舆情监测、公关策略、危机公关预案等手段来应对负面消息，尽可能减少损失和降低影响。同时，个人或组织也应该从中吸取教训，加强自我管理或提升服务水平，防范和减少类似事件的发生。

10.3.2 为什么要分析负面消息报道率

对于负面消息，不管其内容真实与否，都会给当事方带来严重的负面影响，包括但不限于品牌形象受损、业务受阻、客户流失等。针对负面消息，我们要采取积极的态度进行处理，通常有正面回应、道歉＋调查、宣布结果并向公众解释等方式。

例如，某家汽车企业曾经出现了负面消息，但因为没有及时进行处理，随后的几年内销量大幅下跌，差点倒闭，如图 10-3 所示。

图10-3

10.3.3 通过趋势分析负面消息报道率

负面消息报道数据可以从相关的大数据网站获取。企业通过查看每天报道的文章、视频数据，可以看到相关正面、负面的数据情况。

（1）看行业。

某行业协会统计的数据显示，历年来负面消息的处理主要有 5 种方式，其中辩解、否认和责任切割呈现逐渐减少的趋势,而道歉+调查、重视+整改呈现增加的趋势,如图10-4 所示。

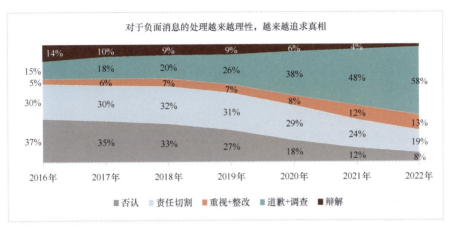

图10-4

从这些数据中我们能感受到企业变得越来越有社会责任感。

(2)看企业。

分析企业的负面消息报道率,一般是分析趋势,也就是自己与自己比较。一般情况下,销量与负面消息报道率成反比,如图10-5 所示。

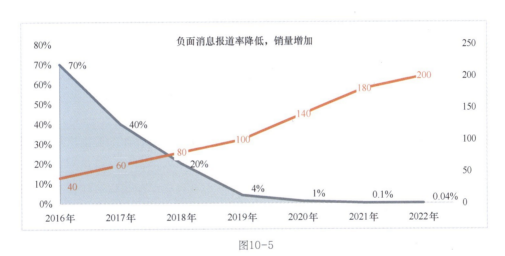

图10-5

总之,不管是什么样的负面消息,都需要及时处理。而要及时处理负面消息,就要长期收集负面消息报道,分析负面消息报道率。

10.4 新媒体数据分析的9种方法

自从互联网步入千家万户以来,大众感受到了新媒体的魅力。新媒体生产的内容传播范围往往比之前的电视、广播和报纸等传统媒体生产的内容传播范围更广。

10.4.1 什么是新媒体

新媒体是利用数字技术，通过计算机网络、无线通信网络等渠道，以及计算机、手机、数字电视机等终端，向用户提供信息或服务的传播形态。新媒体具有多种模式，如微博、微信朋友圈、QQ群等。

从空间上来看，"新媒体"特指当下与"传统媒体"相对应，以数字压缩和无线网络技术为支撑，有容量大、具备实时性和交互性等特点，可以突破空间限制的媒体。新媒体携带的信息数据比传统媒体多了无数倍，因此，针对新媒体的海量数据进行分析也是一个重要的课题。

10.4.2 为什么要分析新媒体数据

新媒体已经成为人们获取信息、进行交流和娱乐的主要渠道。通过新媒体平台，企业和个人可以直接沟通，并且实时获取反馈，这种高度互动性为营销、广告和品牌传播提供了新的机遇。

新媒体数据分析是新媒体运营的重要手段之一。通过对用户的行为数据、社交网络数据、内容数据等进行分析，企业可以更好地了解受众需求、评估运营效果，提高营销效果。

对于企业而言，新媒体数据分析尤其重要。通过对新媒体数据的分析，企业可以更好地了解运营的质量、预测运营的方向、控制运营的成本以及评估营销方案，而这4个方面也恰恰是新媒体数据分析的意义所在。

10.4.3 新媒体数据分析方法

新媒体数据分析方法与常规的数据分析方法类似，只不过新媒体的数据比传统媒体的数据量更大、数据维度更多，需要更强的分析计算能力和更丰富的数据分析思维。针对新媒体数据分析的特点，以及多年一线工作经验，笔者总结出9种常用的新媒体数据分析方法及其含义，如表10-3所示。

表 10-3

方法	含义
比较分析法	是一种通过同类元素之间的比较，分析同类元素的差异和差异率的分析方法，即分析五大元素（量、额、价、差、率）中的差、率两种元素，包括同比分析法、环比分析法、对比分析法、基比分析法、均比分析法、占比分析法；比较分析法也是检验数据的一种方法
排序分析法	是指对分析的元素数据进行排序，确定被评估对象的表现在总体中的名次、占位等，通常结合比较分析法（同比分析法、对比分析法、环比分析法、占比分析法等）进行分析，找出重点问题
结构分析法	是指根据数据结构和属性对数据分类，在分析过程中采用龟裂、合拢的分析模式，找出重点问题的一种方法
阶梯分析法	又叫步进法，是指数据从A状态变化到B状态，对每种影响数据变化的原因的影响程度进行正负叠加，采用步进方式呈现的一种方法

续表

方法	含义
漏斗分析法	是一种流程化的分析方式，分析的数据代表的流程是不可逆的。事件变化影响数据，像一个漏斗一样，存在数据收敛或发散两种模式。它经常用于转换率、扩散面积分析等
关联分析法	关联分析法是一种简单、实用的分析方法，用于发现存在于大量数据中的关联性或相关性，从而描述一个事物中某些属性同时出现的规律和模式，也可以说用于发现由于某些事件的发生与另外一些事件的发生、A 的量变与 B 的量变的关系
雷达图分析法	是指对一个对象或几个对象（每个对象分别有 3 个或多个维度，每个维度由分析元素组成，维度之间没有相关性，但是每个维度是构成被分析对象的元素）进行对比分析，采用不规则多边形的分析方法。雷达图分析法采用雷达图展示数据，雷达图也称为网络图、蜘蛛网图
象限分析法	用于对多个对象进行比较分析，每个对象具有 2～3 个维度，维度由分析元素构成，对分析对象的维度进行绑定，把相同特征的对象进行归类，通过定义的中值进行划分，形成 4 个象限，从而发现问题、帮助制定决策
趋势分析法	根据变量的数据结合时间序列推导变动趋势，也就是说，是一种以现有值推测未来值的预测方法。趋势分析法通常用于发展规律是呈渐进式的变化，而不是跳跃式的变化，并且能够找到一个合适函数模型反映的变化趋势。在实际预测中最常采用的是一些比较简单的函数模型，如线性模型、指数模型、多项式模型等

总之，新媒体数据分析方法的特点在于，需要更加快速和高效地处理和分析大量的数据，同时需要更加细致和深入地挖掘数据中的信息。随着技术的不断发展，新媒体数据分析方法也将不断创新和完善，为企业提供更加准确和有效的数据支持。

10.5 做大声浪数据与实战案例

2023 年春，山东省淄博市因为烧烤成为各大互联网平台用户的议论焦点，也因此成为热门的旅游目的地。在互联网时代，很容易出现这种迅速并广泛传播的热点事件，企业应该学会充分利用这种热点，以及应对其可能带来的风险和挑战。

10.5.1 什么是声浪

互联网上的声浪是指人与人之间因某种热点问题或热点事物而产生的共鸣。声浪具有自主传播的能力，可以快速扩散并影响整个社会。

社会热点事件是指在社会中引起广泛关注和讨论、激起民众情绪，引发强烈反响的事件，通俗地说就是被很多人熟知且讨论的事件。社会热点事件一般具有时代性、普遍性、流变性等特征。社会热点事件引发的舆论潮就是声浪。

10.5.2 为什么分析声浪数据

分析声浪数据，企业可以利用热点事件把商品、品牌等的知名度推向更高，提升品牌传播力，降低企业广宣成本，提高企业收益。

例如，当某个热点事件引发了声浪时，企业可以结合热点事件内容与特征，通过制作有趣、有创意的广告或者宣传片，吸引消费者的关注和参与，从而提高品牌知名度和美誉度。

10.5.3 怎样分析热点

分析热点要从热点的时效性、受众面、传播度等多个角度进行。只有全面地了解热点，才能更好地把握时机、利用优势，将其转化为企业发展的机遇。分析热点常用的角度有以下 7 种。

- 时效性：指该事件处于哪个阶段。如果刚刚出现，那么利用的价值很大。如果热点已经发生几小时，那么需要加速行动。如果距离事件发生已经过去一天，那么最好等待下一个热点出现。
- 受众面：弄清楚哪个受众群体会对该热点感兴趣，以及受众群体的规模如何。
- 热度：指热点最基本的特征，即热点人物或热点事件的受关注程度。
- 传播度：指是否存在促使用户自发传播的因素。一个热点之所以能成为热点，主要是因为有用户不断分享和传播。如果自己的受众群体只是看热闹而没有传播的动力，那么这个热点的利用率就不高。
- 话题度：指这个热点是否有可讨论的点。
- 相关度：指热点消息与品牌或产品是否具有相关性。如果强行利用一个毫无关联的热点来广宣，最终只会成为热点传递者，无法给自身带来太高的收益。
- 风险度：利用热点时需要保持理智，涉及违反法律法规或道德伦理的内容绝对不要触碰。不要因为利用热点而将自己置于风险之中。曾有自媒体利用车祸伤亡人数这样的热点做营销被平台封禁，就是典型的反面教材。

通过这些角度，企业可以更好地制定相应的热点营销策略，提升品牌的传播力和知名度。

10.5.4 怎样把控热点

把控热点是一门学问，不但要利用好热点本身，适当的时候还要制造热点。当然，利用热点难度相对较低，而制造热点则需要技巧。总的来说，把控热点可以从以下 4 个方面进行操作。

（1）学会利用平台。

在把控热点时，平台是重要的资源。各种社交平台、新闻媒体、搜索引擎等，都是获取热点信息的重要平台。不同平台的受众面、传播度、话题度等特征不同，要根据自己的目标受众，选择合适的平台进行信息传播。利用好平台的每一个功能，扩大信息的传播范围，吸引更多用户的关注，这是把控热点的关键之一。

（2）学会抓住时机。

抓住时机是把控热点的重要因素。当热点事件发生或重要新闻发布时，即使与自己的产品、服务等没有直接关联，也要抓住这个机会，结合自己的品牌形象和特点，巧妙地制定相应的策略,通过各种方式让自己的声音被更多人听到,提升自己的曝光度。

(3)学会利用热点。

热点是信息传播的重要载体,如果能够利用好热点,就能快速吸引用户的关注,推广自己的品牌和产品。当热点事件发生时,及时发表评论、参与讨论,结合自己的观点和利益,将自己的声音传递给更多的用户。利用热点时要注意遵守法律规定和道德准则,不要为了在短期内吸引眼球而破坏自己的品牌形象。

(4)学会制造热点。

制造热点是指通过一系列策略和手段,发起能吸引用户的兴趣和关注的话题,并将话题变成用户讨论的热门话题,快速提升自己的曝光度。要制造热点,必须用一定的策略和方法。可以从产品、服务、市场等角度出发,找到可以切入的点形成话题,通过各种手段营造氛围,吸引更多的用户参与,让话题成为热点进而扩大影响力。要注意,制造热点的目的是提升自己的品牌形象和知名度,而不是无节制地吸引眼球,否则会失去用户的信任和支持。

例如在某次车展上,两家品牌车展位相邻。同一天,相同的是有人站在车顶上,不同的是一家是客户站在车顶投诉,而另一家是请来的芭蕾舞演员在车顶上跳舞。同样是站在车顶上,但是反差极大,此事便成了热点事件。于是,请人跳舞的品牌利用各大媒体平台的力量,结合自媒体以及内部员工的不断转发,让该事件逐步发酵,在5天内声浪一天比一天大,从发酵到平息整个过程持续了10天左右,相关数据如图10-6所示。

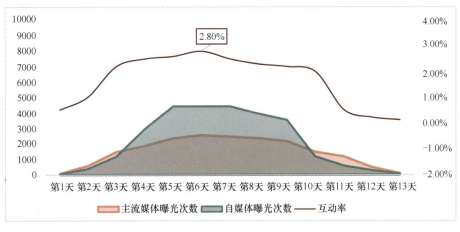

图10-6

据专家估计,请人跳舞的品牌大约节约了3亿元的广告费,可以说这是一个制造热点的典型案例。

10.6 公关数据分析

公关数据的种类其实是比较多的,一部分公关数据的分析方法相对简单,这里就不展开讲解了。下面对一些相对较难的公关数据的分析方法进行讲解。

10.6.1 传播面积价值度分析

分析信息的传播面积是非常重要的。在信息传播的过程中，传播面积越大，信息的传播也就越快。因此，在制定宣传方案时，应该考虑信息的传播面积，想办法通过各种渠道扩大信息的传播面积，如微博、小红书、公众号等。此外，在选择渠道的同时，还需要考虑渠道用户的特点，以便更好地定位受众，并针对受众的需求进行信息传播。要分析传播面积价值度，可以从以下两个重要指标进行。

- 首先，基数是一个重要指标。我们可以通过在第三方平台发布视频或新闻，监控信息传播的范围，以及信息触达的人群结构和年龄结构等因素，最终确定信息传播给了多少人。这个过程需要借助第三方监控工具，以便获得准确、可靠的数据。通过分析基数，我们可以了解信息传播的广度。
- 其次，有效性是另一个重要指标。在进行信息传播的时候，我们需要将目标人群作为传播的核心对象。因此，我们需要分析人群是否是我们的目标人群，契合度有多少高。如果信息推送的人群不是目标人群，那么信息传播的效果自然会受到影响。因此，有效性是评估信息传播效果的重要指标之一。

总之，分析传播面积价值度，需要从基数和有效性两个重要指标进行考量，以便更好地评估信息传播的效果和价值。

10.6.2 媒体倾向数据分析

企业在进行新品发布时，希望能够得到媒体的报道和宣传，但是媒体也有自己的看法和观点，因此了解媒体倾向就变得尤为重要。毕竟，媒体的报道和解读可以影响公众对产品的认知和态度。然而，媒体的视角与企业并不相同。例如，媒体更加关注产品的实际价值是否足够高、价格是否合理以及产品是否适用等方面，而企业则更加关注产品的新功能、研发投入以及成本等方面。

为了更好地了解媒体倾向，企业可以分析媒体倾向的数据。雷达图分析法可以帮助企业从多个维度进行分析，以识别每个维度的媒体倾向度。用这种方法可以帮助企业形成一套适合自己的公关模式，但同时也考验企业的公关活动策划能力和公关数据分析能力。

第11章
商务团队管理与数据分析

商务团队管理与数据分析是现代商业中非常重要的一环。通过有效地管理与分析数据,商务团队可以更好地了解客户需求,优化产品和服务,提高业务效率和盈利能力。因此,商务团队需要确保拥有足够的资源和技能,以便有效地管理与分析数据,并从中找到更多的商业价值和机会。商务团队管理与数据分析涉及目标管理、业绩评价以及激励机制等多个方面,本章就为读者进行详细的讲解。

11.1 优秀的商务团队管理者是什么样的

在现代商业中,商务团队管理者是负责管理团队和业务的关键角色。对于商务团队管理者来说,量化管理是一种非常重要的管理方法。量化管理可以帮助商务团队管理者更好地了解业务运营状况,发现问题所在,并及时采取措施解决问题。此外,通过量化管理,商务团队管理者可以更好地了解业务发展的长期趋势,从而制定更好的战略计划。

11.1.1 优秀的商务团队管理者需要做些什么

优秀的商务团队管理者需要胜任以下工作。

（1）制定明确的目标。

优秀的商务团队管理者需要具备制定明确的目标的能力。他们需要明确公司的长期和短期目标,以及制定具体的计划和策略以实现这些目标。同时,他们还需要把这些目标传达给团队成员,确保每个成员都知道自己的目标和职责。制定明确的目标可以帮助团队成员更好地理解自己的工作重点,并且能够更好地执行团队合作。

（2）明确团队中每个成员的职责和职位。

优秀的商务团队管理者需要懂得如何明确团队中每个成员的职责和职位。他们需要清楚地了解每个成员的工作内容和职责,并且需要明确成员在团队中所处的位置。这样可以帮助团队成员更好地理解自己的职责和工作重点。

（3）制定奖惩制度。

优秀的商务团队管理者需要建立有效的奖惩制度,以鼓励团队成员做出卓越的贡献,并处罚那些不遵守规则或不履行职责的成员。奖惩制度可以激发成员的积极性和创造力,同时也可以帮助商务团队管理者更好地管理团队和业务。

（4）懂得唯才是用。

优秀的商务团队管理者需要懂得唯才是用,并且需要具备良好的人际交往能力,以激励和鼓励团队成员。在分配任务和职责时,商务团队管理者需要考虑团队成员的专业技能和能力,以最大程度地发挥他们的潜力。

（5）让员工快速成长。

优秀的商务团队管理者需要给团队成员提供培训和发展机会,以帮助他们不断提升技能、学习知识,并让他们在工作中不断成长和进步。培训和发展机会可以帮助团队成员更好地完成工作,并且可以增强成员的归属感。

总之,优秀的商务团队管理者不一定非要精通技术,但一定是一个有格局、能够有效地管理和协调团队成员的人。

11.1.2 优秀的商务团队管理者具备哪些能力

优秀的商务团队管理者应该具备哪些能力呢?可以用7个字来概括,即识、选、育、用、激、留、盘。

- ✦ 识：优秀的商务团队管理者需要能够识别员工的类型，如上进的、懒惰的、勤奋的、主动的、内向的等。通过识别和分析，商务团队管理者可以更好地了解团队成员的优缺点和潜力，从而更好地进行管理。
- ✦ 选：优秀的商务团队管理者需要能够选出优秀的团队成员进行观察和培养。通过对团队成员的表现和潜力的分析，商务团队管理者可以确定哪些成员有潜力成为未来的管理者，然后对其进行培养。
- ✦ 育：优秀的商务团队管理者需要能够放手、放权，给有潜力的团队成员提供培训和发展的机会。通过给团队成员更多的责任和机会，商务团队管理者可以帮助团队成员提升能力，从而更好地发挥他们的潜力。
- ✦ 用：优秀的商务团队管理者需要重用有能力的团队成员，但同时需要约束他们。通过对团队成员的业绩和表现的评估，商务团队管理者可以更好地了解团队成员的能力和表现，从而更好地对他们进行管理和激励。
- ✦ 激：优秀的商务团队管理者需要有有效的激励机制，赏罚分明。通过建立有效的激励机制，商务团队管理者可以激励团队成员积极进取，提高团队的业绩和效率。
- ✦ 留：优秀的商务团队管理者需要留住有潜力、有能力的团队成员。通过提供良好的工作环境和发展机会，商务团队管理者可以吸引和留住他们，从而保持团队的稳定和发展。
- ✦ 盘：优秀的商务团队管理者需要注意人员流动。虽然人员流动很正常，但是商务团队管理者需要稳住团队的基本盘，避免因为人员流动而影响团队的稳定和业绩。

总之，优秀的商务团队管理者需要具备识、选、育、用、激、留、盘等能力。具备这些能力，商务团队管理者可以更好地管理团队和激励团队成员，提高团队的业绩，取得预期的成功。

11.2 金字塔式目标分解

在管理一个大项目时，将目标层层分解是常见且有效的管理方法。将一个大目标分解为具体可行的小目标，从而更好地进行规划和管理，可以让团队成员更清楚地了解自己的职责和任务，并且可以更好地进行团队合作，此外还可以帮助商务团队管理者更好地了解团队和项目的进展情况，从而及时调整和优化工作计划，提高工作效率和质量。

11.2.1 什么是金字塔式目标分解

金字塔式目标分解是将一个大目标逐层分解成多个具体的小目标的方法，以层层递进的方式实现目标的具体化。其核心是明确公司的总体目标,并将其逐层分解为更小的目标,最终将其分解为给每个员工的具体任务和责任,如图 11-1 所示。

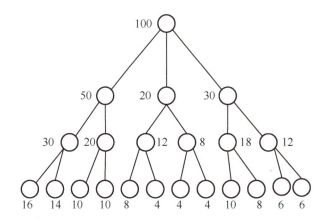

图 11-1

金字塔式目标分解可以帮助公司更好地管理资源和任务,确保所有人都在追求同样的目标,以增进协作和沟通,更好地实现总体目标。此外,它还可以增强员工的参与感和投入感,使他们更加清晰地理解公司的总体目标,更好地了解自己的任务和责任。

11.2.2 为什么要使用金字塔式目标分解

金字塔式目标分解的好处很多,从公司全局来看,主要有以下 3 方面。

- ✦ 方向一致:每个组织层级都承担责任并面临挑战,每个员工都肩负责任并做出努力,这有助于实现目标和方向的一致性。
- ✦ 强大支持:全体员工向上支持,这种支持使得公司总体目标的实现得到强大的支撑。
- ✦ 避免不公:避免出现部分员工过于繁忙部分员工过于清闲的情况,避免不公平的资源分配和管理,杜绝"吃大锅饭",确保工作环境的公平公正。

11.2.3 怎样进行金字塔式目标分解

目标通常使用工作指标进行量化。工作指标是指为了衡量、评估、监控和管理某项活动或目标而制定的具体量化标准。为了确保工作指标的有效性和可操作性,通常需要进行层层分解,并将指标落实到具体的人员和任务中。这种分解过程通常被比喻为"形成坚固的金字塔"。

在目标金字塔中,上一层级的方策是下一层级的目标,下一层级根据目标找到适合自己的方策。这意味着每个成员都要了解自己所在的层级,并明确自己需要达成的目标以及达成目标所需的具体步骤和行动计划,如图 11-2 所示。

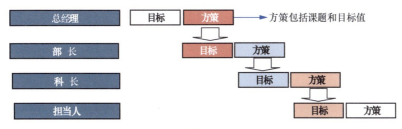

图11-2

例如，公司要求销售额达到5000万元，团队内部进行目标分解，每个人都分到月度目标，如表11-1所示。

表 11-1

公司	总目标值/万元	方策层级 1			方策层级 2			方策层级 3		
		课题	目标值/万元	部门	课题	目标值/万元	科室	课题	目标值/万元	担当人
总经理	5000	总成销售	3500	总成部	线下销售	2000	销售1科	北京	1000	小赵
								上海	500	小钱
								广州	500	小孙
					线上销售	1500	销售2科	淘宝	800	小李
								拼多多	700	小周
		备件	500	备件部	线下销售	200	销售3科	北京	100	小吴
								上海	50	小郑
								广州	50	小王
					线上销售	300	销售4科	淘宝	100	小冯
								拼多多	200	小程
		新业拓展	500	拓展部	线下销售	500	销售5科	武汉	500	小褚
		外包业务	500		线下销售	500	销售6科	成都	300	小卫
								南京	200	小蒋

金字塔式目标分解既可以用图形表示，也可以用表格表示。形式不是最重要的，重要的是知人善任、合理分解。

11.2.4 金字塔式目标分解的原则

要使金字塔式目标分解更加清晰和高效，应遵循 SMART 原则（S 表示具体的，M 表示可衡量的，A 表示可达成的，R 表示相关的，T 表示有时限的），这套原则目前已被广泛采用。此外，这套原则也为商务团队管理者提供了考核目标和标准，从而可实现更加科学和规范的绩效考核，以保证考核的公正、公平和公开。SMART 原则在实际应用过程中还是有不足的地方，因此，笔者在此基础上增加一个"具有挑战性"原则，并做了一些调整，SMART 原则变成了 SMART-C 原则。

（1）目标必须是具体的。

目标必须是明确的、具体的，避免模糊。例如，"我要减肥"这个目标并不具体，涉及太多维度，如瘦肚子、瘦胳膊、瘦腿、瘦臀、瘦腰等。假如减肥是一个工作目标，就需要进一步明确具体的目标，例如想要减掉多少斤体重或者降低多少体脂率等。这样才能确保目标是具体的。

（2）目标必须是可衡量的。

为了确保目标可衡量，通常需要使用数字来量化目标。例如，为了提高员工的数据处理和分析能力，可以制订、安排 12 个月的培训计划，以确保目标可衡量。同样，对于减肥这个目标，也需要明确具体的减重或降体脂率目标。

此外，在衡量目标时，还需要注意以下关键点。

- 目标计算：明确目标计算的公式，比如，要计算某个百分比数值，分子和分母应该如何选择等细节就要提前确定，以避免出现争议。
- 目标边界：明确哪些情况可以被排除在外，哪些不可以，以确保在出现不可控因素或市场环境变化的情况下，公正地评估成果，避免优秀员工承担不应承担的责任，或让没有努力的员工得到不应有的奖励。

（3）目标必须是可达成的。

目标必须可达成，这在实际工作中是最具挑战性的问题。目标太低容易轻松达成，没有任何激励效果；目标太高可能会让员工失去信心，即使他们尽力而为也无法达成，这不仅会导致员工疲惫不堪，而且还会影响他们的评价和奖金。

目标必须是可达成的，意味着目标员工可以接受并在现有资源和能力范围内达成。如果强迫员工接受不合理的目标，员工可能会产生抵触情绪，这种情绪不仅会影响工作效率，而且会导致互相推卸责任。因此，目标的制定必须考虑实际情况和员工的接受度，以确保目标可以达成。

（4）目标必须是与其他目标相关的。

为了确保工作目标的相关性，必须确保其与岗位职责、公司和部门目标密切相关。比如，营销部门的工作目标可以是"销售额为 1 亿元"，而客服团队的工作目标则为"制定规范的客服流程"而不应该是某个销售额。当然，虽然工作目标各不相同，但也应当与整个公司和部门的目标密切相关。

（5）目标必须是有时限的。

为了让目标更具可行性，必须对其实现过程进行时间规划，没有时间规划的目标是不可靠的。商务团队管理者应根据目标的重要程度和紧急程度来确定达成目标的时限，然后定期检查进展并进行风险控制。当然，目标达成时限并不一定是不可变的，可以根据具体情况进行调整。

（6）目标必须具有挑战性。

目标必须具有一定的挑战性，这样可以激励员工付出更多的努力，提高绩效表现。

做好目标的可达成和具有挑战性之间的平衡比较困难，这需要商务团队管理者具备一定的数据管理能力，不能仅凭个人主观意识随意制定目标。商务团队管理者应该用数据来说话，通过对历史数据的分析、对同行同类数据的横向比较等方式，来平衡可达成性和挑战性。

总之，无论是制定团队的工作目标，还是制定员工的绩效目标，都必须遵守以上原则。其实，制定目标不仅仅是为了达成目标，也是为了提升部门或科室在先期工作掌控方面的能力。完成计划不仅仅是为了达成目标，也是对管理人员现代化管理能力的考验和锻炼。

11.3 业绩与行为双轴评价

员工的行为直接影响其业绩。良好的行为可以促使员工提高工作效率和质量，从而提高他们的业绩。因此，商务团队管理者不仅要关注员工的业绩，也要关注员工的行为，从而提高他们的绩效。

11.3.1 什么是业绩与行为双轴评价

在某些情况下，商务团队管理者可能只会关注员工或团队的结果，而不注重过程和行为，这种评价方法被称为单轴评价。传统的单轴评价方法示例如表 11-2 所示。

表 11-2

指标项	目标	挑战	权重	实际达成	得分
销售额/万	100	110	40%		
回款率	95%	100%	30%		
交付满足率	99%	100%	20%		
市场占有率	50%	60%	10%		

评价根据得分排序，得分高的就优秀，这充分体现了商务团队管理者只关心业绩的特点。业绩与行为双轴评价方法的原理如图 11-3 所示。

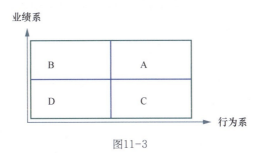

图11-3

商务团队管理者可通过图 11-3 所示的双轴来评价员工的表现。如果员工的行为和业绩都表现良好，可给予"A"级评价。有些员工可能只关注达成业绩目标，行为方面并不算好，可给予"B"级评价。有些员工可能非常努力，但是由于某些原因无法达成业绩目标，可给予"C"级评价。有些员工的业绩不佳，同时也缺乏努力和积极性，对于这些员工，可给予"D"级评价，并明确告诉他们必须做出改变。

从图 11-3 可以看出，业绩是硬实力，是可以拿出去展示的。行为是软实力，是员工与团队的业绩基础，是对硬实力的支持。软实力的提升可以增强企业的硬实力，这是毋庸置疑的。

11.3.2 为什么要使用业绩与行为双轴评价

有时业绩指标制定得不是很合理，在这种情况下，完不成业绩指标并不能代表员工不优秀或不努力。有时员工也会因为不可控因素的出现而完不成业绩指标，如果同时评价业绩与行为，则能够更加全面地衡量员工或团队的能力，避免不合理的考核或者其他突发状况影响员工评价的准确度。

商务团队管理者要同等重视员工的业绩与行为。商务团队管理者能够看到员工的努力，并且给予适当的回馈和激励，员工会感到被关注和认可，从而更加努力地投入工作，提高工作效率和质量。因此，如果同等重视业绩与行为，则管理就更人性化、更合理，可以避免人才流失。

11.3.3 怎样设置指标和评价

业绩与行为的评价都不是单一的，二者都包含多个子维度，子维度下又可能包含多个指标。因此，我们要事先设置好指标，再设定不同的权重，才能对员工进行双轴评价。

（1）设置指标。

不同的行业，不同的企业，关注的指标是不一样的，读者应根据具体情况进行指标设置。在设置时，应区分哪些是业绩系指标，哪些是行为系指标。这里列举一些指标供读者参考，如表 11-3 所示。

表 11-3

维度	子维度	指标	说明
业绩系	销售	销量目标达成率	实际销售量 / 目标销售量 ×100%
		销售额目标达成率	实际销售额 / 目标销售额 ×100%
		销售价格控制率	实际销售价格 / 公司指导价 ×100%
	增量	销量增长率	(当年销售量−上年度销售量)/ 上年度销售量 ×100%
		新客户开发计划完成率	实际开发新客户数 / 计划开发新客户数 ×100%
		新产品销售任务完成率	新产品销售实际收入 / 新产品销售目标收入 ×100%

续表

维度	子维度	指标	说明
业绩系	费用	销售费用节省率	(预算销售费用-实际发生的销售费用)/预算销售费用×100%
		广宣费用使用率	实际广宣费用/预算广宣费用×100%
	回款	坏账率	坏账损失额/主营业务收入×100%
		销售回款率	实际销售回款额/计划销售回款额×100%
	市场占有率	细分市场占有率	当前该类产品销售量/当前该类产品市场销售量×100%
		客户市场占有率	当前该类产品销售量/当前该类产品客户采购量×100%
		新商品市场占有率	新商品成交量/商品成交总量×100%
	利润	利润目标达成率	实际利润/目标利润×100%
	交付	交付满足率	实际交付量/客户订单量×100%
	客户	陌生客户拜访数量	
		新客户开发数量	
		老客户流失数量	
		老客户流失率	老客户流失数量/老客户数量×100%
行为系	敬业	执行力	未按时、按质、按量完成交办任务，做减分处理
		奉献度	
		创新力	销售金点子、管理金点子等
	服务	客户信息完善度	
		客户满意度	通过问题的解决反馈速度和客户的评价来衡量，包括内部和外部
	素养	问题分析解决能力	对问题分析到位，能提出有效的改善意见，能解决问题
		学习考核通过率	理论知识比较丰富
		直接成交率	做一单就成一单，相对比较稳定
		交际能力	接待能力、沟通能力、谈判能力
		传帮带能力	经验和知识的传递，带领新员工迅速成长的能力
	安全	风险识别力	瞒报、谎报风险做减分处理，提前识别风险、避免出事故则做加分处理
		违规率	出现违规做减分处理
	体系	流程完善度	流程、制度、规则、标准、作业指导书等的完善程度
		流程更新率	制度文件的更新率

> **提示**
>
> 应根据工作需要来合理选择指标，指标并非越多越好。

（2）设定权重。

设置了所需的指标后，应根据它们的重要程度，设定不同的权重。下面给出一个示例，如图 11-4 所示。

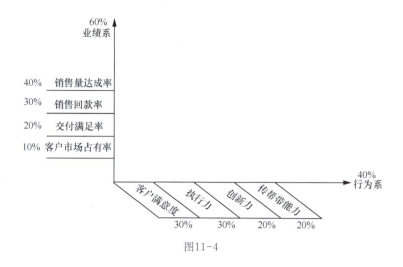

图11-4

（3）采集数据。

按周、月等周期采集员工的指标数据，并委派专人进行统计。

（4）双轴评价。

定期进行双轴评价，并将结果绘制为直观的图形，如图 11-5 所示。

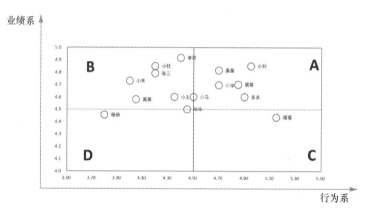

图11-5

对 4 个区域的说明如表 11-4 所示。

表 11-4

区域	说明
A	业绩系及行为系均良好
B	业绩系良好，行为系待改善
C	行为系良好，业绩系待改善
D	业绩系及行为系均待改善

（5）结果应用。

对于那些业绩表现不佳且行为不当的员工（D 区员工），商务团队管理者需要与他们进行谈话，对不良行为进行警告，同时鞭策他们尽快提升自己的工作表现。商务团队管理者应为他们提供一些培训或者利用其他资源来帮助他们改进。

相反地，对于表现优秀的员工（A 区员工），商务团队管理者应给予充分的表扬和激励，以进一步激发他们的积极性和创造力。商务团队管理者在评估和推荐优秀员工时，应更倾向于选择 A 区员工作为候选人。

11.4 节点跟踪与纠偏分析

在长期项目中，定期检查节点目标非常重要，因为这样可以确保项目的进展符合预期和计划，并及时发现和解决问题，避免项目延误或失败。这种定期检查就是常说的"节点跟踪与纠偏分析"。

11.4.1 什么是节点跟踪与纠偏分析

节点跟踪与纠偏分析是一种定期评价员工业绩和行为表现的方法。如果发现某些员工的业绩不佳，或者行为表现不佳，那么我们需要对员工的问题进行分析，并及时提醒、指导、辅导和帮助他们提高业绩、改善表现。

当然，在进行评价时，我们需要遵循公正、公平、公开的原则，避免出现错误或虚假的数据，确保评价结果具有可信度和说服力。只有这样，员工才会信服，并积极改善自身的表现或业绩。

11.4.2 为什么要做节点跟踪与纠偏分析

节点跟踪与纠偏分析的目的是确保员工业绩达到目标。对于公司而言，节点跟踪与纠偏分析可以改善经营业绩，提升公司的核心竞争力。对于团队而言，节点跟踪与纠偏分析可以提升整体竞争力、团队的执行力和协同效率。对于员工而言，节点跟踪与纠偏分析可以促使他们提升自身表现和个人业绩，激励他们更加努力地投入工作，提高工作效率和质量。

节点跟踪与纠偏分析可以避免出现纠纷，比如年底突然给某个员工评价"D"，然后扣掉员工的奖金，甚至还要扣工资，这样一定会产生纠纷。而通过节点跟踪与纠偏分析就可以在员工出现问题苗头的时候进行纠偏，这样可以大幅度减少公司与员工的损失，也可以减少纠纷。

11.4.3 怎样进行节点跟踪与纠偏分析

节点跟踪与纠偏分析可以定期进行，例如每周、每月、每季度做评价和回顾，通常是按月进行评价和回顾。当商务团队管理者发现员工在工作中可能存在问题或困难时，应在第一时间与员工进行沟通，为员工提供相应的指导和帮助，同时要求员工纠偏。这样，可以避免问题或困难的积累和恶化，以及对业绩产生不利影响。节点跟踪与纠偏分析所涉及的因素如下。

+ 标准：建立每项考核的得分标准。
+ 定期：可以按周、月、季度等进行定期考核。
+ 公开：应实行公开化、透明化的制度，不可遮遮掩掩。
+ 数据：应采用数据来论证，以客观事实作为基础。
+ 方法：主要采用排序分析法、对比分析法。

总之，节点跟踪与纠偏分析是一种有效的管理方法，用好它的关键在于选择合适的业绩系指标与行为系指标。

11.5 泡泡法薪酬激励机制

对业绩与行为的考核最终会反映在员工的薪酬上，即给员工发放的工资和奖金上。因此，需要对员工的表现进行深入研究，以确定哪些员工应该得到更高的薪酬，哪些员工只能得到较低的薪酬。

11.5.1 什么是泡泡法薪酬激励机制

泡泡法薪酬激励机制是一种基于 3 个维度进行分析的薪酬激励机制。这 3 个维度包括理论价值度、实际价值度和薪酬颗粒度，它们能够同时体现理论和实际的价值度，反映出实际落定性指标。该机制还可以和双轴评价融合，形成一套全面考虑理论和实际价值度的薪酬激励机制，如图 11-6 所示。

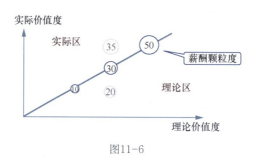

图11-6

图 11-6 所示为一个关于薪酬的模型，由横轴、纵轴、薪酬线构成。

横轴代表理论价值度，包括学习经历、岗位级别、职称和工龄等方面。例如，拥有高学历和长工龄的人理论上应该有更高的价值度。

纵轴代表实际价值度，这是通过员工在工作中的业绩、贡献和行为等方面得出的。实际价值度可以用一些指标（如业绩和行为能力）来进行衡量。

薪酬线是模型里的一条斜线，它代表了薪酬的高低。这条斜线的斜率取决于理论价值度和实际价值度的权重比例。举个例子，如果以斜率为 1 的斜线作为薪酬线，则随着理论价值度由低到高，薪酬逐渐升高。不同的理论价值度和实际价值度权重比例将产生不同的斜率。

如果一个员工的实际价值度高于其理论价值度，那么他应该增加薪酬。而如果某人的理论价值度高于其实际价值度，则应该降低薪酬。员工的薪酬具体位置取决于其实际价值度和理论价值度的比例。

11.5.2 为什么要实行泡泡法薪酬激励机制

为什么要实行泡泡法薪酬激励机制？不外乎以下 3 个原因。

- ✦ 尊重：这个机制尊重了岗位的重要性，考虑到不同岗位的分工和差异性，结合实际业绩，将理论价值度和实际价值度结合在一起。
- ✦ 避免轻视：实行这个机制可以避免某些人认为学历、岗位级别和工龄不重要，只有业绩才是最重要的。但理论上，那些来自优秀学校、拥有高学历的人应该具有更高的价值度，因为他们有更广泛的思考维度和更巧妙的解决问题的方法，也能够在岗位上更快地适应并减少时间成本。而那些担任高级职位的人理论上也应该具有更高的价值度，并因此获得高薪酬。
- ✦ 融合：这个机制结合了实际价值度，将薪酬机制纳入考虑范围。这就意味着，对于那些理论价值和实际业绩并存的人来说，高薪酬是理所应当的，因为他们不仅在理论上价值出色，而且在实践中也有出色的表现。

当然，也有人会说，无论毕业于哪个学校或拥有什么学历，只要做得好就行了。但是，任何一家企业都没有精力和时间让每个人都去试错，显然企业只能优先将机会给那些理论价值度更高的人。

11.5.3 怎样应用泡泡法薪酬激励机制

要应用泡泡法薪酬激励机制，首先应该选择适合实际工作情况的维度，然后设定标准，这就构建了激励机制的衡量系统。最后使用此系统为员工打分并进行评价。

（1）选择维度。

根据公司或团队的实际情况，选择理论价值度与实际价值度所包含的子维度。这里给出一个示例，如表 11-5 所示。

表 11-5

价值维度	子维度
理论价值度	学历
	工龄
	职称
	岗位级别
	……
实际价值度	创新能力
	发现能力
	改善能力
	解决能力
	奉献度
	传带能力
	大贡献
	……

（2）设定标准。

为各个子维度设定标准。标准可以是得分，也可以是百分比。得分可以是 3 分制，也可以是 5 分制或者是 10 分制，如表 11-6～表 11-9 所示。

表 11-6

学历	得分
初中	1
高中	2
大专	3
本科	4
硕士研究生	5
博士研究生	6

表 11-7

工龄 / 年	得分
<3	1
<6	2
<9	3
<12	4
<15	5
<18	6

表 11-8

创新力	得分
强	3
中	2
弱	1

表 11-9

传带力	得分
良	3
中	2
差	1

> **提示**
>
> 每个维度的分值应该有明确的标准，在设定过程中，企业和部门需要将自己设定的标准进行公示和公开，以便最终纳入数据应用。

（3）能力赋值。

对理论价值度的子维度赋予不同的权重，并根据员工的评分计算理论价值度得分。下面给出一个示例，其中 4 个子维度分别被赋予了 25% 的权重，当然实际工作中权重大小可能有差别，如表 11-10 所示。

表 11-10

姓名	理论价值度 – 子维度				理论价值度 – 子维度得分				总和
	学历	工龄	职称	岗位级别	学历	工龄	职称	岗位级别	
明明	本科	2	高级	P3	4	1	3	3	2.75
华华	大专	5	中级	P3	3	2	2	3	2.50
蓓蓓	高中	5	初级	P1	2	2	1	1	1.50
妮妮	高中	4	中级	P1	2	2	2	1	1.75
红红	本科	10	初级	P2	4	4	1	2	2.75
芳芳	高中	11	初级	P2	2	4	1	2	2.25
国国	硕士研究生	10	初级	P2	5	4	1	2	3.00
丁丁	初中	14	中级	P3	1	5	2	3	2.75
飞飞	本科	8	中级	P3	4	3	2	3	3.00

在表 11-10 中，每位员工理论价值度总和为：

子维度 A 得分 × 权重＋子维度 B 得分 × 权重＋子维度 C 得分 × 权重＋…

比如：

明明的理论价值度总和＝4×25%＋1×25%＋3×25%＋3×25%＝1＋0.25＋0.75＋0.75＝2.75

再按照"双轴评价"对业绩系与行为系赋予不同的权重，然后为员工打分，并根据权重得出员工的实际价值度得分。这里给出一个示例，如表 11-11 所示。

表 11-11

姓名	实际价值度 – 子维度得分		总和
	业绩系（权重60%）	行为系（权重40%）	
明明	4	1	2.80
华华	4	5	4.40
蓓蓓	5	4	4.60
妮妮	3	2	2.60
红红	3	1	2.20
芳芳	1	2	1.40
国国	1	4	2.20
丁丁	4	3	3.60
飞飞	5	3	4.20

计算方法与理论价值度类似，这里就不重复了。

此外，还需要计算工分、工分薪酬率、加权平均工分薪酬率、回归薪酬以及实际薪酬与回归薪酬的差异。工分是理论价值度和实际价值度加权之后的得分，计算方法如下：

工分＝理论价值度×理论价值权重＋实际价值度×实际价值权重

> **提示**
>
> 假设该企业认为理论价值度在薪酬中的重要性为30%，而实际价值度的重要性为70%，那么员工明明的工分 = 2.8×70% + 2.75×30% = 2.79。

工分薪酬率＝员工薪酬÷工分

加权平均工分薪酬率＝所有员工薪酬总和÷所有员工总工分

回归薪酬＝工分×加权平均工分薪酬率

差异＝薪酬－回归薪酬

所有员工薪酬总和为196万，总工分是26.28，则加权平均工分薪酬率为7.5。回归薪酬的计算用员工明明举例，他的回归薪酬＝ 2.79×7.5 ＝ 20.9，员工明明的实际薪酬高出回归薪酬9.23，计算完成后，所有结果如表11-12所示。

表 11-12

姓名	薪酬	工分	工分薪酬率	加权平均工分薪酬率	回归薪酬	差异
明明	30	2.79	10.8	7.5	20.9	9.1
华华	35	3.83	9.1	7.5	28.7	6.3
蓓蓓	22	3.67	6.0	7.5	27.5	−5.5
妮妮	16	2.35	6.8	7.5	17.5	−1.5
红红	15	2.37	6.3	7.5	17.6	−2.6
芳芳	11	1.66	6.6	7.5	12.5	−1.5
国国	27	2.44	11.1	7.5	18.3	8.7
丁丁	20	3.35	6.0	7.5	25.1	−5.1
飞飞	20	3.84	5.2	7.5	28.8	−8.8
合计	196	26.3				

在表11-12中，差异为正数表示员工薪酬高于价值，反之则表示员工薪酬低于价值，差异的绝对值越大，则表示员工薪酬与价值越不匹配。

我们从工分薪酬率方面来进行分析，从表11-12中把与工分薪酬率相关的两列拿出来单独分析，结果如图11-7所示。

从图11-7中可以看出员工明明、华华和国国的薪酬远高于其价值；而员工蓓蓓、丁丁和飞飞的薪酬低于其价值。

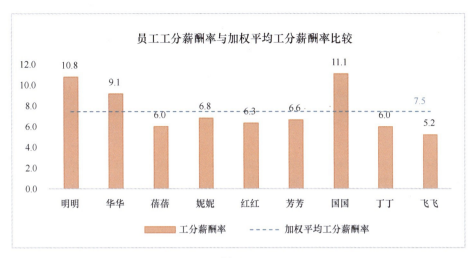

图11-7

以上只是对工分薪酬率的比较，只是选了一个维度进行比较，没有系统、全面地比较。接下来，我们将员工得分与薪酬放到以理论价值度为横坐标、实际价值度为纵坐标的直角坐标系中进行观察，形成薪酬泡泡图，如图11-8所示。

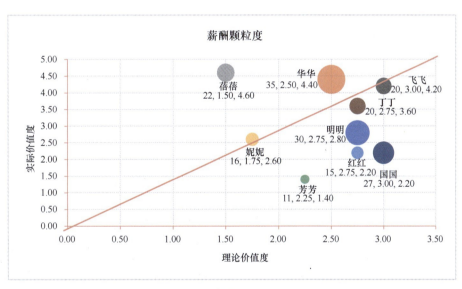

图11-8

要记住一个定性逻辑：从纵坐标（垂直方向）来看，越靠上泡泡越大；从横坐标（水平方向）来看，越靠右泡泡越大；从斜线来看，越靠斜线上方，泡泡应该越大；如果更看中实际价值，那么斜线斜率就会更大，且斜线上方的泡泡就应该比斜线下方的泡泡普遍偏大。有了这样的定性逻辑，接下来我们看图11-8，从垂直方向来看，可以看出一些不对劲的地方，飞飞的薪酬泡泡（薪酬颗粒度）应该比国国的大，因为飞飞的实际价值度更高；明明的薪酬泡泡应该比丁丁的小，因为明明的实际价值度低。从水平方向来看，丁丁的薪酬泡泡应该比华华的大或者相当。

（4）结论输出。

理论上，员工在坐标系中的位置越靠上或越靠右，代表其薪酬泡泡应该越大。不过从图 11-8 中可以看到，员工明明、华华和国国的薪酬泡泡明显与其位置不是很匹配，说明他们的薪酬过高，而员工蓓蓓、丁丁和飞飞的位置靠上或靠右，但薪酬泡泡较小，说明他们的薪酬过低。

> **提示**
>
> 由于薪酬直接关系到员工的收入和利益，因此需要谨慎、周全地应用泡泡法薪酬激励机制。在实际工作中应用泡泡法薪酬激励机制时，需要注意以下方面。
> + 不同的企业、不同的岗位、不同的期望都有各自的维度和权重。
> + 对于同一岗位，其权重应保持一致以确保公平性。
> + 若岗位性质不变，应尽量保持跨年度的维度和权重一致，以延续员工表现得分并分析工作周期内各维度的变化。
> + 企业在初期设定维度和权重时，应与员工充分沟通，以避免事后出现纠纷。

11.6 用雷达面积法选拔干部

企业选拔干部的目的在于发掘和培养具备领导才能和专业技能的人才，以满足企业发展和参与竞争的需求。选拔干部有助于企业保持竞争优势，实现组织战略和目标，同时也能够激发员工的积极性和创造力，提高企业的业绩和竞争力。

11.6.1 什么是雷达面积法

在选拔干部的过程中，企业需要考虑干部的素质、潜力和适应能力，制定科学、合理的选拔方法，雷达面积法就是其中一种比较常用的方法。

雷达面积法是一种多维度考量的评估方法，可用于全面评估企业经营状况、个人综合能力等。在个人综合能力评估中，雷达面积法可用于评估各项能力，如记忆力、推理力、空间感、计算力、观察力等，这些能力以不同维度分布组合，呈现出类似雷达的形状。雷达面积法示例如图 11-9 所示。

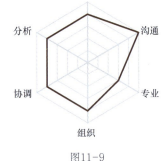

图11-9

11.6.2 为什么要用雷达面积法选拔干部

商务团队管理者与员工不同的是，前者一旦在经营中犯错往往是方向性的错误，危害更大。因此，对于企业来说，选拔干部尤为重要。确定一个员工是否值得提拔和重用，不应只看一个维度，而要从多维度考虑。对于即将提拔的员工，需要考虑其是否具有做管理者的潜质。

在选拔干部时，通常需要考虑员工多个维度的能力，这些维度在企业中的重要性因情况而异。许多企业已采用多维度分析和全方位考核的选拔方法。而要从多维度选拔干部，使用雷达面积法是最方便的。

11.6.3 怎样使用雷达面积法选拔干部

要使用雷达面积法选拔干部，就要先设定好要考察的维度，然后测评候选者的得分，再将候选者的得分绘制为雷达图进行比较。

（1）设定维度。

不同的干部岗位对候选者的素质要求不同，比如选拔行政干部可能更看重管理与沟通方面的素质，选拔生产干部可能更看重组织协调能力。

（2）能力测评。

企业可以通过面试、笔试等方法对候选者进行能力测评。除了面试和笔试外，企业还可以采用其他方法对候选者进行能力测评，如场景模拟、群面、个人陈述等。这些方法各具特点，能够分别从不同角度、不同维度对候选者进行测评，从而更全面、客观地了解候选者的能力、素质和潜力。同时，测评应该公正、严谨和科学，避免主观、片面及不公平现象的发生，保证选拔工作的公平性和准确性。

> **提示**
>
> 所有的测评维度都需要量化，最好都以统一的分制进行打分，这样便于使用雷达面积法。此外，对不同的测评维度还可以根据重要性赋予不同的权重，这样更具有合理性。

（3）能力对比。

为候选者做完能力测评以后，将他们的得分绘制为表格，如表 11-13 所示。

表 11-13

维度	权重	维度表现			综合得分		
		张三	李四	王五	张三	李四	王五
管理	20%	4	3	2	0.80	0.60	0.40
沟通	30%	5	3	3	1.50	0.90	0.90
专业	15%	4	3	4	0.60	0.45	0.60
组织	15%	4	4	3	0.60	0.60	0.45
协调	15%	4	2	5	0.60	0.30	0.75
分析	5%	4	5	2	0.20	0.25	0.10
合计					4.30	3.10	3.20

将表 11-13 中的"维度表现"绘制为雷达图，如图 11-10 所示。

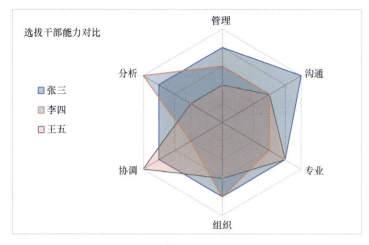

图11-10

（4）结论。

从图 11-10 中可以看出，张三的能力面积比其他人要大，主要体现在沟通和管理维度；李四的组织能力与分析能力比较突出；王五的协调能力和专业能力较为突出。因此，可以说张三是一位能力相对比较全面的候选者，而李四和王五则可以考虑放在能够突出他们能力的管理岗位上。

从加权后的得分来看，张三为 4.3 分，比其他二人高出 1 分多，这也说明张三是排名第一的优秀候选者。

11.7　团队能力数据分析与能力建设

团队里每位成员的能力、经验和背景都不同，每位成员都有自己的优势和不足。有的成员可能擅长沟通和协调，有的成员则更擅长分析和解决问题。有的成员拥有专业技能，有的成员则更具备团队精神和合作能力。如何了解和发挥团队成员的能力是商务团队管理者需要思考的问题。

11.7.1　为什么要为团队赋能

为了提高整个团队的绩效，我们需要注意团队中每位成员的短板。通过不断提升团队的整体能力，我们可以规避成员的能力短板带来的影响，有助于提升整体工作水平，从而创造更好的业绩。

为了达成这个目标，我们需要确保团队内方向一致、思想统一，把力量汇聚在同一个方向上。同时要为团队赋能，让每位成员都能够更好地提升职业素养，例如分析能力和沟通技巧等。这些措施可以帮助成员在团队协作中发挥更大的作用，从而提升团队的整体能力。

11.7.2 怎么样为团队赋能

所谓团队赋能，就是指为成员提供更好的环境和工具，使其能够完成原本无法完成的任务。简单来说，就是让组织成为成员发挥能力的平台。最核心的赋能方式是发挥成员的思考能力，鼓励他们积极思考。常见的赋能方式如下。

（1）氛围赋能。

氛围是在企业长期发展中形成的，影响着成员的价值判断，甚至决定团队的最终走向。好的氛围能够激发成员的激情和工作热情，提升企业的成功概率，创造好的氛围是系统性提升成功概率的不二之选。

（2）授权赋能。

授权需要商务团队管理者有宽广的胸怀，正确地把权力授予成员，让成员承担责任和调动资源。

授权不是把事情丢出去放任不管，而是关注结果，把过程交给更直接相关的成员，这对他们是一种能力训练。

（3）成就赋能。

成就赋能是让成员成长最快的方法之一，不断通过小的成就赋能成员，让他们具备正确的思维模式和行事习惯。成就赋能的要点在于初始时考虑好必要的条件，尽量调动各种资源帮助成员完成任务，让成员的能力得到快速提升。

11.7.3 为团队赋能后团队成员应具备什么特征

为团队赋能后，团队成员应具备什么特征呢？

- 自主性：能够主动地做想做的事情，而不仅仅是听从领导的命令。
- 成就感：能够因为做好想做的事情而感到满足和自豪，获得成就感。
- 意义感：会意识到自己工作的意义，从而激发内在的动力，实现工作的正向循环。
- 自信心：会因为获得领导的积极支持而更自信。
- 目标感：有共同的目标，会通过彼此合作达成目标，实现最佳业绩。
- 可能性：能够寻找更多可能性，目标实现超出预期，从而帮助企业实现突围和成长。

总之，为团队赋能是商务团队管理者的一个非常重要的任务，商务团队管理者应该定期或不定期地为团队成员提供培训、资源和支持，以帮助他们更好地完成工作。此外，商务团队管理者还应该定期与成员沟通，了解他们在工作中遇到的问题和挑战，以及研究如何进一步提高团队的效率和创造力。

对于团队赋能的结果，商务团队管理者应该进行评估。这有助于了解哪些方面已经成功，哪些方面需要改进，并及时采取行动。同时，商务团队管理者还应该鼓励成员分享经验和成功案例，以便其他人学习和应用。通过这些措施，商务团队管理者可以不断提高团队的能力和表现，帮助成员更好地发挥他们的潜力，实现个人和团队共同成长。

第 **12** 章

商务数据分析驾驶舱模型

商务数据分析可以帮助企业制定明智的商业决策,以达到收益最大化及风险最小化风险。通过分析商务数据,企业可以了解市场趋势、客户需求和产品表现等关键信息,并做出相应的调整和改进。因此,系统地整合与分析商务数据对于企业的长期发展至关重要。

12.1 商务数据分析驾驶舱模型基础

数字仪表盘有许多优点。数字仪表盘可以直观地展示指标及其具体数值，比传统的模拟仪表盘的显示更加精准，减少误差和歧义。数字仪表盘的显示界面可以根据情况和需要进行调整和变化，视觉效果更加个性化。因此，各种商务数据以数字仪表盘形式进行展示，更加直观、准确。

12.1.1 什么是商务数据分析驾驶舱模型

汽车的数字驾驶舱是一种基于数字仪表盘的全数字化的驾驶舱，包含许多部件，例如仪表盘、中控台显示屏等。数字驾驶舱能够显示驾驶环境信息、汽车的动态信息以及安全参数信息等，使驾驶更加方便。

商务数据分析驾驶舱，顾名思义就是将商务数据集成为可视化的图表，显示需要的信息，形成固化的分析模式。商务数据驾驶舱能够自动更新图表，实现即时分析、即时反馈和即时决策，从而提高商务决策的准确性和效率。

12.1.2 为什么要建立商务数据分析驾驶舱模型

建立商务数据分析驾驶舱模型主要有以下好处。

- 提升工效：可以定期分析数据，并在每次重新分析时缩短分析周期和增加分析维度，避免了传统分析模型的低效。
- 快速决策：可以快速输出分析结果，从而实现快速决策。这种实时反馈使管理层可以在第一时间做出决策，以抓住商机和提高竞争力。
- 标准统一：可以避免人为因素产生的分析结果千人千面的问题。它可以形成标准的分析维度，降低分析结果出现偏差的概率。
- 形成体系：分析相对广泛而深刻，并涵盖多种沉淀性指标。此外，商务数据分析驾驶舱模型的构图和配色通常很美观，令人赏心悦目。

总之，商务数据分析驾驶舱模型是一种集效率、智慧、美学于一体的分析决策工具，值得读者花费精力去学习。

12.1.3 什么边界条件可以建模

建模需要考虑一些边界条件，不是所有情况都适合建模，而且建模是为了所建立的模型能用得上，因此必须确保建模具有可行性和有效性。以下是一些建模时需要考虑的边界条件。

- 例行分析：每天、每周、每月或每年都需要做同样的分析，这种具有周期性和重复性的数据处理和分析就可以建模，比如分析市场营销数据，我们每天需要日报，每周需要周报，每月需要月报，每季需要季报，每年需要年报，而且分析的维度是可以通过沟通进行确认的，这种情况下建模就非常必要。而一次性和临时性的数据处理与分析则不需要建模，因为边界条件在变、分析诉求在变、统计方式在变、数据也在变。

+ 连续数据：数据应当是连续采集并持续更新的，否则建模就没有意义。例如，如果不再每月采集并更新分类数据，那么之前建立的分类模型就变得没有意义。

总之，建模不是想做就做的，只有满足一定的边界条件，才能保证建模有意义和使用价值。

12.1.4 商务数据分析驾驶舱的建模思维

图12-1

商务数据分析驾驶舱建模，要从人（P）、数（S）、模（M）3个方面来考虑。比如，模型需求者要解决什么问题？模型使用者是什么群体？这些都属于"人"的因素。"数"和"模"方面也各有需要仔细考虑的因素，如图12-1所示。

（1）人。模型是由人来设计的，也是由人来使用的。因此，在建模前，不可不考虑人的因素。具体来说，应该考虑模型需求者、模型使用者、数据提供者和模型建立者因素。

+ 模型需求者：明确模型需要解决什么问题，以及需要分析的维度是什么。
+ 模型使用者：考虑模型的易用性和简单性。
+ 数据提供者：快速提供数据，最好能够提供模板。如果数据由计算机系统提供，那么就需要有人员录入或上传数据。
+ 模型建立者：能够实现统计、分析、可视化等功能，并具备函数和数据透视表功能。模型建立者需注意，建立模型不要超出自己的能力范围，不然会影响模型的准确性和可靠性，甚至可能导致模型失效。

模型需求者、模型使用者、数据提供者和模型建立者之间的关系如图12-2所示。

（2）数。在建立模型时，数据是非常关键的因素，而且数据不仅需要是规范的，还需要能随着时间变化而发生变化。

图12-2

其中，对数据规范的要求包括以下方面。
- 格式必须统一。
- 数据不能有缺失。
- 数据必须能够连续采集，并且可以持续进行更新。

从结构方面看，数据源结构也可能会发生变化。这些变化包括以下方面。
- 修改：数据源结构固定，一般情况下修改数据对建模影响不大。只不过修改数据时，要注意修改后是否存在数据重复，避免数据统计出错。
- 变行：基于数据源的行数固定，只是增减行数尤其是增加行数的，需要考虑函数与公式中引用的数据区域是否涵盖修改后的范围。
- 变列：对于列数的增减要尤其注意，一般数据源都会锁定列，一旦增加或减少列，统计的结果极有可能会出错。因此，在改变列数的时候要特别小心，谨防出错。
- 跨年：数据跨年是很常见的，在建模的时候往往容易被忽略，这也是建模中经常出错，进行大型修改甚至推倒重来的常见原因之一。很多人在建模的时候会忽略跨年，结果导致统计结果出错，或者数据连续性不强，只能统计当年的数据，不能跨年统计。当然，如果模型只用一年，可以不用考虑跨年的因素。
- 加维：指在原来的数据源基础上增加分析的维度，或者是增加类别，这可能会带来数据源结构的变化。例如，原来在模型中设计好分析商品不同颜色下不同价格的销售量、销售额、利润额，现在要增加不同人群在不同年龄段下的不同颜色商品的销售情况，就会完全把数据源结构打乱，起码要在原来的基础上增加人群属性数据、年龄属性数据。

（3）模。建立模型需要系统思维，这类似于构建软件系统时的思维，必须固化边界。
- 锁定分析维度：在建模之前要充分考虑分析维度的广度，避免之后不断更改维度，这是建模的大忌，会使建模效率非常低。锁定分析维度时，可以先做加法，再做减法，以避免遗漏起关键作用的维度。
- 锁定需求结构：建模前要充分考虑需求结构，设计好以后就尽量不要改动；同时，呈现方式和版面布局也都尽量锁定；有时候动结构就会"动全身"，数据源结构变动会导致相关的公式需要修改和检查错误，特别耗费时间。
- 锁定计算逻辑：数据的计算逻辑必须清晰，以免计算逻辑混乱导致的计算结果错误或不明确。

12.2 商务数据分析七步建模

建模是一个系统性的工作，需要有规划并遵循一定的步骤。如果缺乏规划和系统视角，建立的模型就可能会凌乱无序、思路不清晰，导致后期需要不断修补，甚至需要重新开始。

因此，在建模过程中，必须注重规划和遵循有序的步骤，以确保建立的模型具有清晰的结构和能得到可靠的结果。商务数据分析建模一般包括以下 7 个步骤，如图 12-3 所示。

图12-3

12.2.1 第一步：分析诉求

首先要分析各方的诉求，不仅包括模型需求者的，还包括模型使用者、数据提供者和模型建立者的，因为各方的诉求侧重点不一样，模型设计时需要充分考虑。比如，要考虑模型需求者的诉求，这可能包括分析目标和维度，以及预期达到的效果；也要考虑模型使用者的使用习惯以及他们对便捷性的要求；还要考虑数据提供者提供数据的习惯；还需要考虑模型建立者本身的能力。

12.2.2 第二步：设计草图

通常情况下，模型设计者会根据诉求、分析的维度和精度来设计草图，可以在计算机上设计或在纸上绘制。在设计草图时，必须确定各个模块放置的数据、预期的展示效果、模块数量以及组织方式等，如图 12-4 所示。

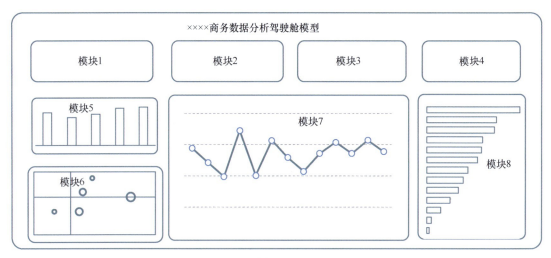

图12-4

设计完成后，最好与模型需求者进行沟通，以确保设计符合其预期。

12.2.3 第三步：数据采集

为了进行数据采集，需要根据设计思路涉及的分析维度寻找相应的数据录入者或提供者。

如果通过数据提供者或数据管理部门采集数据，那么在采集数据之前，需要就数据的结构、精细程度和格式要求进行沟通，以避免在未来出现数据异常或格式不统一等情况，从而给模型使用带来风险。

如果通过计算机系统采集数据，则应该从系统中导出数据或者由系统管理员提供数据。如果计算机系统中的数据出现问题，例如数据错误、缺失等，则应该要求相关部门对数据进行清洗，并确定未来由谁负责数据录入的工作。这是为了确保数据的准确性和完整性，从而保证后续数据分析的可靠性和建模工作的有效性。

在新建数据时，需要要求数据录入者按照固定格式进行数据录入。如果数据已经存在并且格式是固定的，需要要求数据录入者不要更改格式，以方便后续的数据处理，否则就需要自己设定数据格式。如果数据不存在，但是在分析中需要，那么可以使用虚拟数据来填充。例如，可以使用 RANDBETWEEN 函数构建虚拟数据。

一般情况下，通过数据采集可以获取相应的可用数据。

12.2.4 第四步：搭建框架

根据设计草图，在 Excel 表格中搭建框架。在搭建时需要绘制相应的图表。为了绘制图表，需要先获取数据。建议先实现一整套图表来观察效果，以便向模型使用者征集意见。

在进行图表布局时，常常会出现以下问题。
- 上图下数，也就是图表覆盖在数据上方。
- 调整数据时需要对整个图表框架结构进行调整，这样的布局效率较低。
- 插入或删除行导致图表结构的改变。
- 当数据区域范围增加时，生成的数据透视表可能会覆盖之前的数据透视表。

模型设计者应尽量避免出现以上问题。

> **提示**
> 建议采用左图右数的布局，将图表与数据分开呈现，无须展示的数据可以隐藏。

12.2.5 第五步：公式链接

在建模过程中，通常使用函数、数据透视表、VBA 等方式来实现公式链接，这需要模型设计者具备一定的技能和经验，并选择自己熟悉的方式来处理公式链接。在实现公式链接时，应该注意以下方面。

- ✦ 避免过多使用嵌套公式，以减少计算量、提高计算效率。同时，应尽量将基础数据放在 3～5 张工作表内，以避免文件臃肿。
- ✦ 有时，可以通过使用辅助列来减轻负担。通过将单元格内容链接唯一编码，然后使用 VLOOKUP 等函数实现链接，可以减少工作量。
- ✦ 在使用数据透视表时，应注意透视表区域的大小，避免数据量或维度增加导致新透视表覆盖旧透视表。
- ✦ 必须考虑数据的变化，包括增加、删除和修改数据等情况。
- ✦ 有时需要使用切片器、数据透视表、函数和控件等工具进行融合设计，让模型呈现高级感。

在实现公式链接的过程中，考虑以上方面可以提高建模效率和模型的可靠性，让模型更加好用且更加美观。

12.2.6 第六步：美化配色

根据模型需求者和模型使用者的偏好以及公司 logo 的颜色等，进行巧妙的配色，可以使模型看起来专业、美观。这种视觉效果不仅能够吸引模型使用者，也能够显示模型设计者的专业度。为了保持颜色的一致性及协调性，可以考虑采用"玉字法"进行配色。

玉字法是配色方法中最简单、最常用，也是最实用的配色方法之一。在 Excel 的颜色板中纵向的一列是同一个色系，横向的一行是深度一致的颜色，常用的颜色是主题颜色和标准色。①～④所示的矩形区域构成了一个"王"字，如图 12-5 所示。

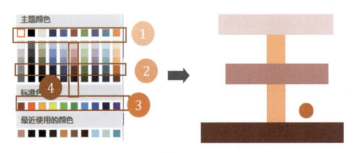

图12-5

为图表配色的时候按照这个原则来进行，图表就会给人平衡感和秩序感。而"玉"比"王"多一点，表示颜色深度可以有一点偏差，但这种原则不能生搬硬套，图表配色要符合需要表达的意义。这就是玉字法的含义。

12.2.7 第七步：安全设置

为了确保商务数据的安全，建议在建模完成后进行密码设置，将数据区域分为以下 3 种类型。

✦ 不可浏览或操作区域：这个区域包含敏感数据或者需要保密的信息，需要设置密码保护，并且不可让其他人浏览或操作。
✦ 可以浏览但不可操作区域：这个区域包含数据的展示部分，可以浏览但是不可操作。
✦ 可以浏览和操作区域：这个区域包含可以操作的数据和公式，需要设置密码来保护数据的完整性，但是其他人可以浏览和操作。

通过合理的设置，可以有效地保障商务数据的安全，同时确保其他人浏览和操作可以展示的数据。

12.3 商务数据分析建模实例

本节以容易理解的销售数据为对象来举例说明商务数据分析建模的过程。

12.3.1 第一步：分析销售部门诉求

模型需求者有以下的诉求。

✦ 销量：要看到全年累计的销量数据，以及每月的目标达成情况，对异常情况要监控和管理；要看到每周的销量，以及与去年同期的对比；要看到商品销量的排行和员工业绩排行。
✦ 库存：要看到当前的累计库存情况。
✦ 市场占有率：要看到当前的市场占有率。
✦ 线索：要看到线索的总量，以及转化率情况。
✦ 服务：要看到自己团队的服务保障能力并用数据反馈，具体维度包括售前满意度、商品及时交付率、保修及时率、售后满意度和投诉响应率；要看到当前客户投诉案件未处置的数量。
✦ 商品盈利性：可以直观地通过销量、价格、盈利性对商品盈利性做判断；对于销量差、价格低、盈利性的商品，需要采取对策。
✦ 整体和区域：需要看到公司的整体销售情况，也要能看到区域的表现情况。

12.3.2 第二步：按销售部门诉求设计草图

模型设计者根据诉求设计草图，设计时考虑以下方面。

✦ 分析维度：分析维度比较多，其中哪些维度适合用图表呈现，哪些维度适合用数据、表格、形状呈现。
✦ 图表呈现：类型不能太单一，如不能全是柱形图、条形图等，要考虑多样化，避免模型使用者产生视觉疲劳。
✦ 结构布局：采用左中右结构布局，遵循对齐原则。

设计好的模型草图如图 12-6 所示。

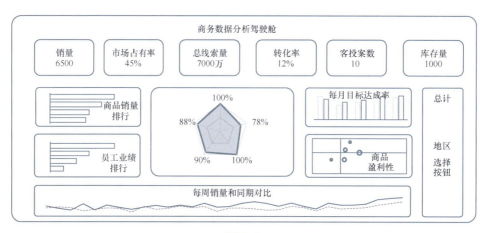

图12-6

12.3.3 第三步：采集销售数据

根据设计草图确定需要的维度，尽可能在一张表中呈现，避免重复工作。这里编制以下 4 张表。

（1）销售业绩表。因为要考查每天的销售数据，所以销售业绩表必须有日期，且精确到每天；每天都要包含当日销量、当日库存、区域等数据，还要有销售人员和产品型号等数据，如表 12-1 所示。

表 12-1

日期	品类	型号	当日线索量/次	当日销量/台	销售人员	区域	当日库存/台	当日投诉案数/件	去年当日销量/台
1/1/2023	电饭煲	DLA01	112	50	小林	北京	7	0	50
1/2/2023	手机	PT0A1	116	50	小邓	上海	4	0	48
1/3/2023	微波炉	HLA01	115	21	小武	成都	1	1	40
1/4/2023	手机	P0001	144	39	小林	北京	9	0	28
1/5/2023	计算机	NT0A1	171	42	小马	杭州	8	0	34
1/6/2023	微波炉	HLA01	193	27	小林	上海	9	0	40
1/7/2023	空调	N0001	143	40	小邓	成都	3	0	22
1/8/2023	电饭煲	DT0A2	117	34	小林	北京	6	0	30
1/9/2023	手机	PLA02	100	31	小邓	上海	5	0	47
1/10/2023	微波炉	HT0A2	182	34	小林	杭州	1	1	27
1/11/2023	电饭煲	DLA03	154	36	小武	武汉	9	0	50
1/12/2023	空调	N0001	122	47	小邓	北京	5	0	39
1/13/2023	手机	PT0A2	127	38	小林	武汉	1	0	37
1/14/2023	微波炉	HLA01	195	42	小马	杭州	1	0	48
1/15/2023	空调	N0005	135	39	小武	上海	2	0	45

续表

日期	品类	型号	当日线索量/次	当日销量/台	销售人员	区域	当日库存/台	当日投诉案数/件	去年当日销量/台
1/16/2023	手机	PT0A3	199	26	小邓	武汉	10	0	39
1/17/2023	—								—

（2）预实业绩表（单位：台）如表 12-2 所示。

表 12-2

月份	北京		上海		广州		杭州		成都		武汉	
	预计	实际	预计	实际	预计	实际	预计	实际	预计	实际	预计	实际
1月	1600	1632	1000	1110	1900	1843	1250	1288	1250	1350	1400	1386
2月	1650	1782	1600	1632	1800	1944	1200	1140	1200	1212	1900	1900
3月	1100	1243	1750	1873	1100	1144	1750	1960	1750	1838	1000	1010
4月	1450	1378	1600	1760	1350	1337	1200	1248	1450	1392	1900	1881
5月	1350	1350	1450	1624	2000	1900	1750	1663	1300	1482	1100	1221
6月	1650	1766	1350	1418	1700	1768	1700	1751	1300	1391	1700	1717
7月	1350	1323	1150	1208	2000	2080	1350	1553	1300	1365	1150	1231
8月	1950	2223	1550	1519	1750	1680	1450	1479	1800	2034	1700	1700
9月	1500	1455	2000	2160	2000	2160	1150	1265	1100	1111	2000	2040
10月	1650	1782	1750	1733	1350	1499	1050	1208	1950	2243	1750	1733
11月	1050	1176	1350	1526	1000	980	1600	1728	1150	1231	1800	1908
12月	1600	1792	1000	1120	1050	1082	1650	1683	1900	1938	1650	1881

（3）服务调查表，该表需要包括的 5 个维度的数据是从别的表统计而来的，或者由数据提供者提供，内容如表 12-3 所示。

表 12-3

日期	品类	型号	售前满意度	商品交付及时率	保修及时率	售后满意度	投诉响应率
1/1/2023	电饭煲	DLA01	100%	99%	98%	85%	89%
1/2/2023	手机	PT0A1	90%	99%	97%	80%	85%
1/3/2023	微波炉	HLA01	100%	100%	100%	80%	96%
1/4/2023	手机	P0001	90%	99%	98%	85%	89%
1/5/2023	计算机	NT0A1	100%	98%	97%	80%	100%
1/6/2023	微波炉	HLA01	90%	99%	99%	90%	94%
1/7/2023	空调	N0001	100%	98%	98%	85%	97%
1/8/2023	电饭煲	DT0A2	90%	98%	96%	90%	98%
1/9/2023	手机	PLA02	90%	100%	96%	85%	85%
1/10/2023	微波炉	HT0A2	80%	99%	97%	80%	99%
1/11/2023	电饭煲	DLA03	80%	98%	97%	90%	87%
1/12/2023	空调	N0001	80%	98%	96%	80%	94%
1/13/2023	手机	PT0A2	80%	100%	95%	95%	87%
1/14/2023	微波炉	HLA01	90%	99%	99%	90%	100%
1/15/2023	空调	N0005	100%	100%	99%	85%	93%

续表

日期	品类	型号	售前满意度	商品交付及时率	保修及时率	售后满意度	投诉响应率
1/16/2023	手机	PT0A3	100%	100%	98%	95%	89%
1/17/2023	—	—	—	—	—	—	—

（4）价格利润表如表12-4所示。

表12-4

序号	品类	型号	价格/元	利润/元
1	电饭煲	DLA01	300	3
2	手机	PT0A1	3500	700
3	微波炉	HLA01	500	65
4	手机	P0001	2800	392
5	计算机	NT0A1	8000	450
6	空调	N0001	5200	208
7	电饭煲	DT0A2	500	80
8	手机	PLA02	4600	184
9	微波炉	HT0A2	400	8
10	电饭煲	DLA03	510	87
11	手机	PT0A2	2400	432
12	空调	N0005	3800	228
13	—	—	—	—

设计好以上4张表，并填充数据后，即可进行下一步搭建框架的操作。

12.3.4　第四步：搭建商务数据分析驾驶舱框架

用RANDBETWEEN生成数据以补齐缺失的数据，构建图表数据源。这里构建了3个数据源，分别是商品销量（如表12-5所示）、员工业绩（如表12-6所示）、月度目标达成率（如表12-7所示）。

表12-5

商品名称	销量/台
手机	311
计算机	325
电饭煲	375
微波炉	391
空调	316

表12-6

姓名	业绩/台
小林	155
小邓	108
小武	104
小马	112

表12-7

月份	目标/台	实际/台	月度目标达成率
1月	80	100	125%
2月	60	70	116%
3月	80	100	125%
4月	80	60	75%
5月	90	90	100%

根据数据修改图表，同时结合选项、按钮、列表框等，搭建图12-7所示的框架界面。在该界面中，单击"总计"或"分地区"单选钮，或者选择"北京""上海"等选项，图表会随选择的变化而变化。

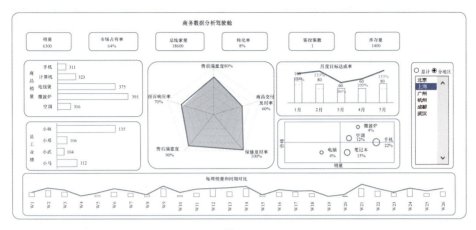

图12-7

12.3.5 第五步：将公式链接到商务数据分析驾驶舱

本例涉及的开发工具、公式和操作细节这里不做详细说明。如果读者欠缺 Excel 图表、动态图表或建模等知识，可以参考相关资料。

> **提示**
>
> 在实现公式链接的过程中，人员、商品、月份或周数等因素都可能会发生变动，这一点要注意。

12.3.6 第六步：美化商务数据分析驾驶舱

对配色、形状进行调整以及对透明度进行设置，然后在合适的位置添加企业 logo，商务数据分析驾驶舱模型就成型了，如图 12-8 所示。

图12-8

12.3.7 第七步：设置密码，隐藏工作表

安全设置包括隐藏不用显示的工作表、设置密码或者访问权限等，安全设置完成以后，整个商务数据分析驾驶舱模型就完成了。

当然，这里举的例子是相对比较简单的，涉及的分析维度不多。在实际工作中，可以设置更多的维度和界面，甚至可以构建一个管理系统。总之，借助数据库、VBA 等工具，完全可以将商务数据分析驾驶舱模型做成软件系统。

第13章
编制一套完整的商务数据分析报告

商务数据分析报告可以为企业提供商业决策所需的关键信息和结论,以便管理层做出明智的决策。这种类型的报告通常包括对组织、市场和竞争对手的数据分析,以及对趋势、机会和挑战的深入洞察。编制一套完整的商务数据分析报告,可能很多人觉得比较困难,其实只要掌握了大框架,编制起来并不算特别困难。

13.1　了解商务数据分析报告

如果读者曾经在编制商务数据分析报告时感到无从下手，那就说明读者对商务数据分析报告的了解不够深入。编制商务数据分析报告通常需要大量地收集、整理和分析数据，同时还需要将数据转化为易于理解和可操作的结论。这需要读者对商务数据分析报告有深入的了解。

13.1.1　什么是商务数据分析报告

对于商务数据分析报告，我们可以拆分为 3 个关键词，即商务数据、分析、报告，下面分别进行介绍。

- "商务数据"指以数据形式体现的商务活动内容，包括商务启动期、商务前期、商务过程期和商务后期 4 个阶段的内容，但不管是哪个阶段，都离不开"121 定论"，即定义、定型、定点、定位等内容。
- "分析"是对数据进行分析，围绕"121 定论"开展，以发现问题、提出解决方案，进行改善或优化。
- "报告"指通过一定的形式进行汇报、讨论、交流。通过充分的沟通和交流，企业可发现更多的问题，让商品更有竞争力，更符合用户需求。报告的形式通常有 PPT、Word、Excel 和口头报告 4 种。

对于商务数据分析报告的编制者而言，需要充分理解商务数据、分析和报告 3 个关键词的含义，并灵活运用各种形式进行报告。同时，编制者还需要考虑受众的需求和背景，以确保报告内容能够有效传达。

13.1.2　为什么要编制商务数据分析报告

商务数据分析报告指由编制者向管理者汇报商务数据分析结果，商务数据分析报告与商品、编制者、管理者这 3 者的关系如图 13-1 所示。

- 对商品而言，商务数据分析报告可以帮助企业发现商品问题和优化商品品质，预测未来的趋势，并提供优化决策的支持。
- 对管理者而言，商务数据分析报告告可以提供关于商品项目进展情况的及时和详尽信息，使管理者了解整个项目的情况，从而能够更好地进行掌控和指导，并提供

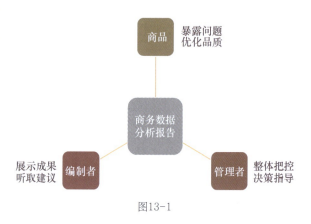

图13-1

必要的纠偶和指导意见，以确保项目顺利推进。
* 对编制者而言，商务数据分析报告需要展示其分析成果和建议，以帮助管理者做出决策和建议。

商务数据分析报告的编制者需要深入了解受众的需求和关注点，以编制合适的报告，同时要注意报告的准确性和易读性，以便更好地传达分析成果和建议。编制者的努力和专业知识有助于商务数据分析报告的有效传达和实际应用。

13.1.3 商务过程中的重要节点

要编制一套完整的商务数据分析报告，必须了解商务过程中的重要节点，即从预研、立项、设计一直到批量生产的整个商务过程的节点，如图 13-2 所示。

图13-2

图 13-2 中的节点仅供参考，因为并非所有的商务过程节点都是一样的。

> **提示**
>
> 不同的商品在研发流程中的节点会因其特性而异，可能会增加或减少一些。对于一些设计和工艺较复杂的商品，可能需要进行设计成熟度和工艺成熟度的研究，并验证工装和模具的成熟度。

编制商务数据分析报告时需要注意两个方面。首先，需要抓住重点，对主要关注点进行报告。这有助于让他人快速了解我们的工作重心和重要成果。其次，需要将报告做细、做扎实，用数据说话，而不是凭感觉发表意见。

接下来，从商务的角度来考虑产品从研发到生产的整个流程，对于每个节点，都应该关注并深入思考其核心内容。当然这里介绍的只是一种思考模式，仅仅作为参考，因为不同的行业和商品都有自己的节奏和特点，需要根据实际情况灵活调整。

在编制商务数据分析报告时，我们应该注重数据和事实，避免主观臆断。

13.2 如何编制商务数据分析报告

编制商务数据分析报告需要具备丰富的数据分析和商务知识，同时也需要注重受众需求和关注点，采用合适的工具和技术，突出重点、简练明了地表达分析结果。下面介绍编制商务数据分析报告的关键因素和步骤，供读者参考。

13.2.1 编制商务数据分析报告的关键因素

在现代商业环境中,有效的报告对于项目和团队的成功至关重要。然而,很多人在编制报告时容易迷失方向,难以有效地传达信息。因此,在编制报告时注意以下 4 个关键因素,可以让报告更加清晰、更加有说服力。

(1)明确报告目的和目标。

每次报告都要有特定的目的。例如,对于预研节点,目的就是告知受众要做某个项目,并得到受众的建议。目标则是让该节点能够得到受众、管理者的认可,并通过召开节点会,以便进入下一步工作。因此,在报告的开头要明确目的,在结尾要明确目标。当然,在公司内已经有了对节点的定义的情况下,可以不在报告开头明确目的,口头提及即可。但是,目标要在会后的决策事项中进行明确,表达期待决策的事项。

(2)抓住节点重点。

每个节点都有重点关注事项,报告需要围绕这些重点关注事项来准备数据、资料,进行分析。不要想到什么就准备什么,避免混乱。

(3)用数据和分析说话。

既然是数据分析报告,就需要依靠数据和分析来表达,同时要清晰地解释数据来源和支撑,讲清楚分析的逻辑和结果,并暴露风险点,避免项目在进行过程中出现风险。

(4)提供有用的结论和建议。

受众通常希望在报告中看到结论,最好还能附带一些建议,所以能够在报告中提供一些思考方向,对于受众来说是非常有用的。

通过明确汇报目的和目标、抓住节点重点、用数据和分析说话,以及提供有用的结论和建议,就可以让受众更容易理解和接受报告的信息。

13.2.2 编制商务数据分析报告的步骤

由于商务活动涉及节点较多,因此这里选取一两个节点为例进行讲解。考虑各行业和商品以及管理模式的差异较大,所以更多地探讨思路,尽量不涉及具体的细节。编制商务数据分析报告一般来说有 4 个步骤,如图 13-3 所示。

图13-3

+ 主题:确定主题非常重要,因为它能够明确汇报会议的目的,让受众在开会之前就能够理解会议的意义和重要性。
+ 大纲:在制定大纲时,需要明确每个板块介绍的内容,让受众提前了解报告全貌,同时也能够帮助会议的组织者更好地安排时间,并确保所有关键信息都被充分介绍。

✦ 内容：在会议中，需要介绍具体的内容细节，包括产品定义、目标人群、竞品对标、交付、质量、价格、成本等信息。这些详细信息对于受众来说非常重要，因为它们能够帮助受众更好地理解会议的主题和目的。

✦ 决策：在会议的最后，需要进行决策。在这个步骤中，决策层需要给出指示。

切记，报告应该是为了解决问题、获得支持和指导而进行的，而不是为了报告而报告。下面就展示两个商务数据分析报告的例子，读者可以借鉴。

1. 某产品预研节点的商务数据分析报告

（1）主题与大纲。

首先，一个好的报告需要有明确的主题与清晰的大纲，如图13-4、图13-5所示。在报告开篇时，必须明确目的，否则受众可能会感到困惑。

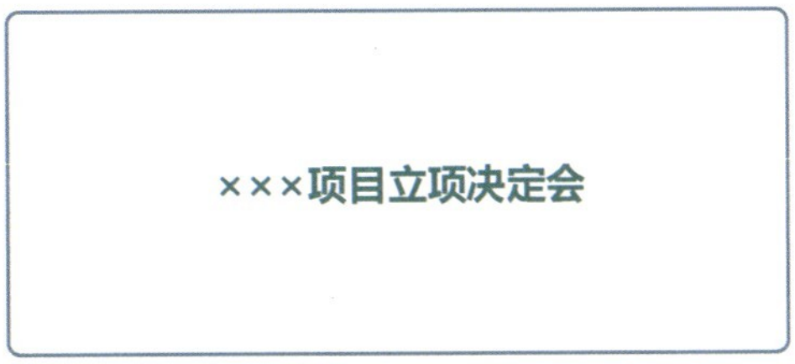

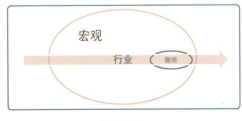

图13-4

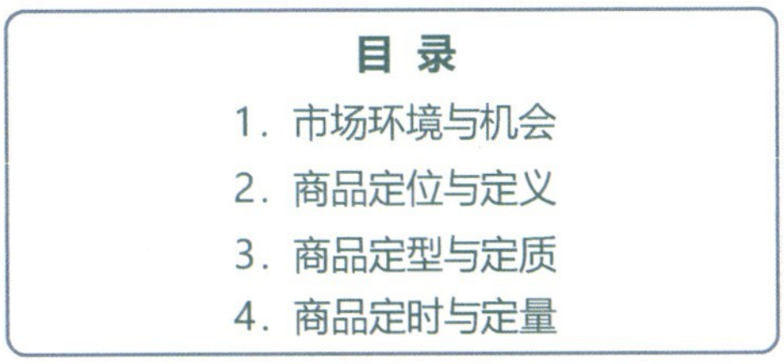

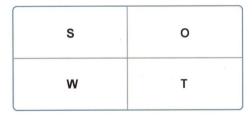

图13-5

> **提示**
>
> 在商务数据分析报告中，通常不会将所有数据一页一页地单独汇报，而是将其融合在整个报告中。特别重要且需要特别注意和报告的内容，才会单独展开细讲。

（2）市场环境与机会。

接下来讲解市场环境与机会，如图13-6、图13-7所示。

图13-6

图13-7

在讲解市场环境时，着重分析当前竞争态势，探讨公司如何在这种市场环境下取得优势。同时，需要深入思考公司当前的发展情况，以此为基础制定相应的战略，明确应该采取哪些措施来推动公司的发展。

在进行SWOT（S代表Strength，即优势；W代表Weakness，即劣势；O代表Opportunity，

即机会；T 代表 Threat，即威胁）分析时，可以从外部环境中找出机会，也可以从内部发展情况中找到需要改进的地方。例如，我们可以思考如何利用市场的机会来推动公司的发展，比如升级商品、改款、增加新品等，以达到满足中期事业计划和提升收益的目的。列出明确的优势、劣势、机会和威胁，让受众在进行决策时更有依据和方向。

（3）商品定名、定位、定义与定人。

定名、定位、定义与定人是"121 定论"中的内容，这里展示这 4 个维度，如图 13-8 所示。

图13-8

一个非常关键的问题是，为什么目标人群会选择购买我们的商品？这点非常重要，需要在商品定人时得到充分考虑。

（4）商品定型与定质。

商品定型与定质，涉及外形、尺寸、质量等，如图 13-9、图 13-10 所示。

图13-9　　　　　　　　　　　图13-10

> **提示**
>
> 可以将本品与竞品进行对比，使用图表等形式突出展示本品在外形、尺寸、质量上的优势，让受众对本品产生信心。

（5）商品定点与定价。

关于商品定点和定价，我们需要考虑在哪里销售商品以及我们的定价策略是什么，如图 13-11、图 13-12 所示。

在商务数据分析报告中，可以宣传商品在全国各地销售或者销往海外。商品定价也需要做好规划，在价格和价值之间找到一个平衡点，以确保定价的合理性，也即确保价值和价格有一个合适的比例关系。

图13-11　　　　　　　　　　　图13-12

（6）商品定时与定量。

需要在报告中确定商品什么时候上市，以及预计销售目标，即商品定时与定量，如图 13-13、图 13-14 所示。

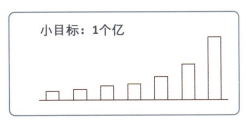

图13-13　　　　　　　　　　　图13-14

> **提示**
> 在商品预研阶段，暂时不需要报告成本和投资目标，商品定型和定义完成且设计方案出来后才会进行成本和投资的预估。此外，与竞品的对标可以穿插、融合在这些维度的介绍中。

（7）期待决策的事项。

商务数据分析报告提供了各种信息，目的是让管理层进行决策，目标是确定具体的决策和支持事项，因此最后要列出期待决策的事项，如图 13-15 所示。

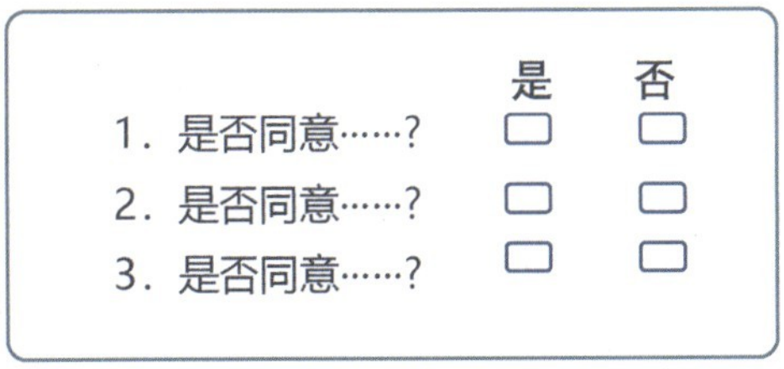

图13-15

2．B2C 市场的定价决策会

B2C 市场的定价决策会就是在小批量生产时，召开定价决策会。我们需要确定价格，以及促销方案和利润等。同时还要考虑卖点是什么、为什么可以卖这个价、市场竞争环境怎样、对应价格的收益怎样等众多因素。

在定价决策会上，我们大致需要做如下报告。

（1）市场分析。

- 宏观环境分析：包括市场环境、经济环境分析。
- 竞品环境分析：包括 SWOT 分析、五维（竞品、潜力、供应商、市场客户、自身）模型。

(2)商品定位。

+ 定位：可以定位为走量商品、明星商品、旗舰商品、个性商品等。
+ 卖点：解决客户的痛点和痒点。

(3)商品定价。

+ 配置：配置、颜色、工艺等与其价值进行对比。
+ 价格方案：价格方案是什么？合理性如何？评估需要基于竞品情况进行。
+ 价格区间：竞品价格区间分析，需要理性地比较。
+ 价格能力：计算价格的竞争力。
+ 经销商利润：分成或返点是多少。
+ 商务费用：自身的标准、竞品的标准。

(4)收益。

+ 收益对比：是否符合预算，以及和相似商品的关系，分析差异。
+ 后续价格：降价趋势和中期要求。

报告可使用PPT形式，结合"121定论"分步讲解，注意多用直观的图表。